言い訳にサヨナラすればあなたの人生は輝く

ショーン・スティーブンソン 著
アンソニー・ロビンズ 序文
大江聡子 訳

Get Off your 'But'

SEIKO SHOBO

Get Off Your "But" by Sean Stephenson
copyright © 2009 by Sean Stephenson
Japanese translation rights arranged with Sean Stephenson c/o
trough Tuttle-Mori Agency, Inc., Tokyo

「言い訳くん」「心配さん」「不安感ちゃん」へ。
君たちがいなかったら、
僕はいまの人生を見つけられなかっただろう。
あらかじめ警告しておくが、
僕は君たちをこの地球上から撲滅するつもりだ。
君たちの余命はあとわずかだ。ワッハッハ。

本書によせて

アンソニー・ロビンズ

私はこれまで、質の高い充実した人生を味わうための方法を探求してきました。素晴らしい人生は、その人が心からの情熱を持って生きることでしか見つからないと思っています。情熱がなければ、自分の人生を設計するどころか、ただその日の生活をこなしていくだけの状態になってしまいます。そうして代わり映えのしない毎日を繰り返していると、いつのまにか、単なる生存活動のレベルに陥ってしまうのです。

私はもうかれこれ四半世紀以上、世界各地を旅して、本来あるべきレベルの人生を送ることの重要性を学び、人々にも教えてきました。そうしてたくさんの人々に教えることによって得られる喜びのひとつとして、素晴らしい人との出会いがあります。

そのひとつが、1998年のショーン・スティーブンソンとの出会いでした。彼はとても小柄ですが、山をも動かすほどの大きな志の持ち主です。彼の笑顔と温和な性格に接すると、まわりはみんな優しい気持ちになります。

ショーンとはメイク・ア・ウィッシュ財団の活動を通して知り合いました。彼は私に助言者《メンター》になってほしいと言いました。その頃すでに彼は才能を開花させ、楽しく生活を送っていましたが、一方で、ストレスや不満や痛みを抱え、生きるための戦いを続けていたのです。顔にはニキビがいっぱいありました。先天性骨形成不全のため、背中は常に痛みにさいなまれていましたし、非常に骨がもろいのでしょっちゅう骨折していました。主治医たちは、ショーンの病状はおそらく命取りになる——早世することになるだろうと考えていました。

一見すると、彼の身体には本来あるべきエネルギーやバイタリティがないと思われるかもしれません。私はショーンに、ある人物を紹介し、何をするべきかを率直に話しました。彼はすぐに行動に移し、食習慣やライフスタイル全体を大幅に変えました。

この行動がショーンの生理機能を180度転換させることになったのです。ニキビも、慢性的な背中の痛みも、骨折もなくなり、それ以来再発していません。

もう余命を宣告されることもありません。

信じてもらえるかどうかはわかりませんが、ショーンは現在、ボディビルのトレーニングをしていて、誰もが憧れるようなくっきり6つに割れた腹筋をしています。

人の生き方には2種類あって、反面教師とすべき生き方と、見習うべきお手本となる生き方があります。ショーンはお手本です。自分の抱える恐れや不安や言い訳に打ち勝つ方法を示してくれています。

ショーンは、自分は一生不幸なんだと言ってしまうこともできたでしょう。私が素晴らしいと思うのは、彼が単に困難を乗り越えたからだけではなく、自分が救われたのと同じように他人を助けることに人生を捧げる道を選んだからです。

この本でショーンはただ感動のストーリーを語ろうとしているのではありません。あなたに、そしてあなたの大切な人に手を差し伸べようとしているのです。「でも……」と言い訳するのはやめましょう、と説いています。それは、ショーンの表現によれば、次のようなことです。

不安による言い訳＝「**でも**、失敗したらどうしよう……」

自信のなさによる言い訳＝「**でも**、私には無理かも……」
弁解による言い訳＝「**でも**、時間がないし……」

本書は、自分の限界を超えてさらに前進するにはどうすればよいか、自分に与えられた才能を存分に発揮して人々と分かち合うにはまず何をすればよいかを教えてくれます。

ショーンも私も、あなたの人生の大いなる可能性を応援しています。

この本を最後までじっくりと読んで、アドバイスどおりにやってみて、あなたの人生が幸福と情熱と感謝に満ちあふれた素晴らしいものに変わっていくのを体験してみてください。

さあ、情熱を持って生きましょう！

アンソニー・ロビンズ
（サクセスコーチ、ピークパフォーマー、『人生を変えた贈り物』著者）

もくじ Contents

〔レッスン2〕
自分に対する言葉に注意する

言葉に注意をする

〔言い訳撃退作戦！　言い訳をやめるためのプラクティス〕

〔言い訳撃退作戦！　言い訳をやめるためのプラクティス〕

自分の言葉に聞き耳を立てよう

〔言い訳撃退作戦！　言い訳をやめるためのプラクティス〕

ネガティブなつぶやきを元気になる声に置き換える

〔装幀〕フロッグキングスタジオ

〔レッスンの前に〕

小さな人生の大きなストーリー

不幸せな赤ちゃん

自分の子どもが誕生するとき、両親は、手足の指がちゃんと10本揃っていますようにと願う。僕もその願いどおりに生まれた——ただし、すべての指が折れていた。

1979年5月5日、僕がこの世に誕生したとき、分娩室にいたドクターたちは一瞬静まり返り、やがてこう言った。「困ったことになりました」

何かとんでもないことが起こっていた。僕の腕と脚はぬいぐるみみたいにだらんとしていた。頭は産道を通ったときの圧力でちょっとどころじゃなく歪《ゆが》んでいた。いびつな形をした粘土の塊《かたまり》みたいだった。僕の小さな身体のほとんどすべての骨が出産時の圧力によって折れていることに、ドクターはすぐに気づいた。両親は心の準備をするようにと言われた。「この子は24時間以内に亡くなる可能性があります」と。

僕は遺伝子異常によって骨が異常にもろいことが判明した。ちょっと触れただけでも骨折するので、僕にさわったり抱いたりすることは禁止された。誕生から最初の数週間、シカゴ小児病院の救急治療室で固定されたままだった。

僕は幸せな赤ちゃんではなかった。僕の上げる声は、おむつを替えてほしいとぐずる前向きな泣き声ではなく、痛みのために泣き叫ぶ悲鳴のような声だった。今にしてみれば、一日に二度、日の出と日没のときにだけ泣き続けていたとは、気を遣っていたんだなと我ながら思う。

骨形成不全

出産というプロセスは、僕には不向きなものだった。レントゲンを見ると、折れた骨よりも折れていない骨を数えるほうが早いほどだった。膨大な外傷を保護するために、ドクターは僕の身体のほとんどを覆う小さなギプスを作り、腕と脚をまっすぐ伸ばして枕を添えて座らせた。看護師たちは、僕がまるで玉座についたツタンカーメン王のようだと噂をした――おかげでツタンカーメン王を見ようと次々と人がやって来た。

僕が古代エジプトの王のよみがえりだって？　ファラオの魂《たましい》のよみがえりというのは単なる空想だが、彼と僕には共通する点がひとつあることがわかった。それは、誕生時と生後数日間の苦痛を乗り越えた僕のこれからの人生が、ツタンカーメン王のように波乱万丈のものになるだろうということだ。

両親はドクターから、僕が「骨形成不全」という先天的疾患を持って生まれた、と説明を受けた。両親は病名を正確に発音することすらできなかったし、この先に待っている終わりのない困難の数々を理解することなど到底できなかった。困難はすでに誕生時に始まっていた。両親は僕をおくるみでくるんで抱き上げることも、ベビーベッドの準備を整えておいた家に連れて帰ることもできず、姉のハイジに抱っこさせることもできなかった。両親は僕をほとんど知らない人だらけの無菌室にひとり残していかなければならなかった。

言い訳しなかった両親

出産後、母はずっとひとりで病院のベッドに寝かされていた。僕がいつ死んでもおかしくない状態だったから、我が子を失うかもしれないという迫り来る喪失感と、普通の赤ちゃんではなかったという目の前の喪失感とで、悲しんで泣いていいのだと母は言われた。この子は健康に成長しない、正常な発育はできないだろうと両親は告げられた。僕の骨はガラスのようにもろく、ほんのちょっとした衝撃で——あるいは衝撃がなくても——骨折するおそれがあった。くしゃみをした圧力で肋骨が粉々になるかもしれなかった。

あるとき、看護師が母の部屋に入ってきた。手に大きな注射器を持っていた。

「これは何のための注射なの？」。母は尋ねた。

「母乳を出なくする薬です」

「そんなこと頼んでないじゃない」

「しかし……」。看護師は注射器を手に、今にも針を刺そうと構えながらこう言った。「ああいう赤ちゃんを看病して育てたいと思いますか？」

よくもまあ、注射器をつかんで看護師を突き刺さずに済んだものだ。もちろん、母は注射を拒否した。その後も両親は他にもいろんなことを拒否した。両親から僕への最大のプレゼントは、僕が生き延びると信じるのをやめることを拒否したことだ。

両親は僕について決して悲観的に考えなかった。ただの一度も。「息子が生まれたのだから喜ばなくては……でも、息子は普通の子のようにはなれない」とは決して言わなかった。両親は「でも」という言葉にすがって愚痴をこぼすことはまったくなかったのだ。ありのままの僕を愛してやまず、それは昔も今も変わらない。僕のことを、大丈夫だ、生き延びていけると信じて疑わなかった。僕のことを人間として、息子として信じ、迷いや不安に屈することはなかった。「もちろんショーンは素晴らしい子、でも……」とは考えなかった。決して僕のことを見放さなかった。

母は退院すると、家で母乳を搾《しぼ》った。父は毎日僕に会いに市内の病院へ通い、母が愛情を込めて家で用意した母乳を小さな哺乳瓶で僕に飲ませてくれた。そして僕は死ななかった――困難にもめげず、僕は少しずつ生きる準備をしていった。僕の不屈の精神は両親ゆずりだ。両親は、僕が生き延びて、やがて成功して、この地球で大きな力を発揮できるようになると信じて疑わなかった。

だがその後の道のりは楽ではなかった。一歩踏み出しただけで脚が骨折しかねないのだ。

困難な道のり

同じ年齢の子がもぞもぞ動き出してハイハイをし、よろよろと立ち上がって歩き始める頃、僕はまったく動かない状態からなんとかようやくハイハイをするようになった。僕のハイハイを家族は「ズルズル」と呼んだ。肩とお尻を交互に動かして、匍匐《ほふく》前進する兵士のように、うつぶせに床にぴったりつけて動く。最初はそこそこ早いヘビくらいの速度だったが、やがて筋肉がついて丸太ころがしのように家中を動き回るようになり、かなりのスピードで移動できるようになった。

立ち上がることは、赤ちゃんにとってひとつの重要な成長過程だが、僕にはとうてい無理だった。その頃の僕の筋肉では、寝ころんだ体勢から自力で起き上がるのも難しかった。自分と同じような症状の子が、身体を支えながら起き上がるのを初めて見たときは、ショックだった。その衝撃の瞬間は、2、3歳の頃、治療に通っていたシカゴ・シュライナーズ病院で起こった。身体つきが僕とそっくりな子に対面したのだ！　僕はそれまでずっと「普通の」人たちに囲まれて育ったので、自分と同じぐらいの背丈で、車椅子に乗っていて、顔の特徴もそっくりな人を初めて見かけて、驚き、ショックを受けた。想像してみてほしい。まわりはみんな身長3メートルで緑の肌をした人たちばかりの星でずっと暮らしていて、ある日、交差点を曲がったら、背丈も肌色も自分と同じ人に出くわした……。あまりの発見に仰天すると同時に、すごくホッとしたのだった。

入退院を繰り返していた数年間に、僕は大切なことも教わった。それは、苦しんでいるのは自分だけではない、ということだ。僕よりももっと重症な人たちがいるのを知った。ある男性は、全身ほとんどに重度の火傷《やけど》を負ってずっと痛みに苦しんでいた。首から下が麻痺《まひ》し、人工呼吸器でようやく呼吸をしている人もいた。免疫《めんえき》系統の疾患《しっかん》で無菌室から出られない子たちもいた。少なくとも僕は、全身どこも感覚があって、動かすこともできるのだ。

僕の体内のおもな機能（消化器、呼吸器、循環器、生殖器など）は、すべて正常だった。問題は他のこと――みんながあたりまえに思っている日常的な部分だった。

たとえば、成長して直面したささいなことながら重大な問題は、頭のてっぺんに手が届かないことだった。僕の腕はそこまで長くならなかったからだ。たいしたことじゃないように聞こえるかもしれないが、これがたいしたことなのだ。野球帽をかぶるとか、髪をとかすとか、それにもっと重大な事態は、かゆくてたまらないときとかに、誰かの手を借りなければどうしようもなかった。

立つことは論外だった。起立する姿勢で身体を支えられるほどの骨密度がないし、もちろん歩くこともできない。たとえ両脚で体重を支えることができたとしても、骨よりも筋肉のほうが発達して強くなっているので、歩けないのだ。何年もたつうちに、両脚はよじれて曲がったまま固まってしまい、歩行は不可能になった。

実はそうなる前に、金属棒を入れて脚をまっすぐにする手術を試みたのだ。残念ながら、僕の身体は金属棒を拒絶し、手術から数カ月後には骨から出てきてしまっていた。僕がこれまで経験したなかで一番つらかったのは、左脚から金属棒を取り除く手術のときの激痛だ。皮膚を切開するための局部麻酔しかしなかったが、ドクターはそんなに痛くないだろうから大丈夫だと言った。なのに、もう!

あの痛みは忘れられない。ドクターは、すでに骨から飛び出している金属棒の端をつかんで引っぱり始めた。裂けて焼けるような激痛が脚から頭の先まで貫いた。脚を裏返されたような、膝に巨大な掃除機を突っ込まれて膝下の骨を根こそぎ吸い出されるような感じだった。

それ以来、二度と金属棒を入れようとは思わなくなった。歩けるようになる可能性が高くなることも、背を伸ばしてくれることもなさそうだから。

僕の身長は90センチあまりだ——小学校3年生の頃にその身長になって、それ以来伸びていない。

車椅子は特別仕様

僕はこれまでに4台の車椅子を使ってきた。トレーニング時に使っているスポーツ用車椅子を入れたら5台になる。ターコイズグリーンの座面の低いレース用のものだが、普通の車椅子でも、時にはレースよりもっと面白いコースになることがある。

両親は僕の車椅子にいろいろと創造力を発揮するようになった。年に3回、厚紙を細工して椅子の周りを山車《だし》のように飾り立てるのだ――ハロウィーン、独立記念日パレード、地元のペット・パレードがその披露の場だった。機関車、レースカー、トラクター、掘削機、サイドカーつきバイク、海賊船、ミイラの石棺など、いろんなものに仕立て上げた。

学校へ行っている間や、友人の家で遊んでいる間も含め、一日の4分の3を車椅子の上で過ごす生活。残りの4分の1は床に寝て、背中の筋肉を休めた――姿勢を保つためにひどく疲れてしまうからだった。

痛みから学んだこと

18歳を過ぎるまで毎日、背中の痛みに苦しんでいた。幼い頃は、激痛でほとんどずっと家にこもっていた。そのおかげで、長い時間、自分の心と向き合って過ごすことになった。人の行動や生き方に関する本を読んだりしたわけではない。痛みをなんとかしたいという純粋な必要性から、いつのまにかごく自然に、瞑想《めいそう》したり、空想したり、心と身体を癒《いや》すテクニックを使ったりするようになった。

誰に教わったわけでもなく、痛みを意識の外に出すようにしていた。集中力を高めるための手順だとか、心を開いて自分の状態を受け入れる自己暗示法だとか、人から教わった方法を取り入れたのではない。何年も経ってから、子どもの頃に自分と向き合って学んだことの多くは間違っていなかったのだと知った。

痛みは僕の先生で、僕は小柄で優秀な生徒だった。

原因と結果

よちよち歩きの子どもはみんな因果関係の意味——こうしたらどうなるか——を身をもって学んでいく。たいていは、床におもちゃを落としたらどうなるかとか、熱いストーブに触ったら火傷をするといったことだろう。僕の場合はちょっと違っていた。重いものを持ち上げようとしたら、腕がポキッと折れてしまったのだ。

この経験から僕の脳はすぐに学習して、常に警戒を怠《おこた》らず、次に何が起こるかいつも用心しなければならないと認識した。他の子どもなら気にしなくてもすむようなことに注意しなければならなかった。急いで歩いてきた人と出会いがしらにぶつかったらどうしよう。机の横に引っかけてある中身の詰まったランチボックスが僕の上に落ちてきたらどうしよう。隣に座っている子が僕の腕をつかんで強く振ったらどうしよう。危険をはらんだ周りの状況に僕はいつも神経をとがらせていた。そのおかげで何度も助かったのだが、しょせんはまだ子どもだ——興奮して考えるのを忘れることもある。1988年のハロウィーンのとき、僕は警戒するのも考えるのも忘れた。でもそのときの出来事を忘れることはないだろう。

僕は4年生になっていた。ハロウィーンの朝、登校前のこと。母がキッチンで僕のお弁当を用意していた。僕はリビングルームの床にニコニコ顔で寝そべっていた。今日は一年で一番大好きな日。もちろんクリスマスも誕生日も他の祝日も好きだけれど、ハロウィーンには特別な思いがあった。

たいていの子どもにとっては、ハロウィーンといえばお菓子やパーティや変装といったところだろう。僕にとってハロウィーンは、まさに魔法だった——姿を消す魔法。僕は毎日——生まれてからずっと——人に見られてきた。僕の外見が人とは違うからだ。知らない人から指差されたり、顔をしかめられたり、時には笑われたりする。家から一歩出たらいつでもどこでも、人々の視線から逃げることはできなかった。子どもの頃、どうしてもやってみたかったのは、野球帽をかぶって目立たず人混みに溶け込んでしまうこと。でも、それはとうていかなわなかった……。

それがハロウィーンの日だけはちがうのだ！

ハロウィーンの日には、だれもかれもが変装をして、みんな違って見えたから、僕も目立たずにすむのだ。最高の気分だった。

そのハロウィーンの朝、僕が9歳のときのことだが、母はお弁当を作り終わって僕の荷物を車に持っていった。僕はとても興奮して、じっとしていられなかった。僕はミイラの変装をするつもりで、すでに衣装を着ていたのだが、椅子から降りて床の上をころがり始めた。

「うわっ、いいじゃん！　ああ、早く友達に見せたいなあ」。僕は思った。

床じゅうを転げまわって、楽しくって、出かけるのが待ち遠しくて……そのとき、左脚がドアの角に引っかかって後ろに曲がってしまった。ポキッ！

世界が止まった。僕は次に何が起こるかわかっていた。いつもそうなのだが、ポキッという音が聞こえて、後から遅れて痛みがやってくる。その瞬間、僕の人生すべてが粉々に砕け落ちていくような気がした。

大腿骨骨折。太腿の大きな骨が折れた。体温が上がり始め、汗が目にしみた。呼吸が乱れてきた。まるで万力《まんりき》でギリギリと締めつけられているようだ。

それでも痛みがそうひどくなかったからだろうか、僕の頭の中で猛烈な怒りが爆発した。血管を通って、心臓に流れ込んだ。こんなのあんまりだ！　無実の罪で罰を受けている気がした。

だから僕は悲鳴を上げた。

「どうして？　なんで僕だけがこんな目に遭わなきゃいけないいんだよぉ！」

母が部屋に駆け込んできて、僕のほうにかがみこんだ。母はちゃんとわかっていた。僕を助けるためにできることはほとんどないことを。あわてて病院に担ぎ込むこともできない――ドクターでさえ手当てのしようがないのだ。

母は以前、病院で言われていた。骨折をしたその状態のまま動かさずに治るまで4週間から6週間じっとさせておくしか方法がないのだ、と。文字通り、骨折したその場所にそのまま治るまで寝かされた。僕にとっては、自分の部屋だろうが地下室だろうがリビングの床だろうが、どうでもよかった。食べたり飲んだり、トイレに行ったりするのも、すべてそこでなんとかしなくてはならない。

母は僕をなだめようとした。「さあ、ショーン、いい子だから、力を抜いてリラックスして」

そのときも、母はいつものように、できるだけ僕の気持ちを痛みから逸《そ》らせるために、ちょっとした会話のゲームを始めた。

「ショーン、このあいだのバカンスでは何が一番気に入った？」

でもそのとき僕は、ゲームなんてする気分じゃなかった。僕にとっては一年で一番大事な日に、家の中でじっとしていなければならないなんて。僕は憤慨《ふんがい》していた。母は僕の目を見てその気持ちに気づいたようだ。おふざけの質問をやめて、ふと背筋を伸ばし、違う質問をした――その質問が私の人生を変えることになった。

母は汗をかいている僕の髪を指でとかしながら、僕の目をじっと覗《のぞ》き込み、静かな声で問いかけた。「ショーン、神様はあなたに贈り物を授けたの？　それとも重荷を背負わせたの？」

贈り物？　贈り物だって？　贈り物といったら誕生日にもらうものでしょ。包みを開けて「わお！」って喜ぶやつでしょ。ママ、どうかしちゃったんじゃないの？

でもそこで僕が答えようとしたとき、不思議なことが起こった。科学的には説明できないようなことが。僕に与えられた使命と生きる目的が、ふっと舞い降りてきて目の前にあった。まるで天から温かな風が我が家のリビングに吹いてきて、僕の身体をふわりと包み込んだような感じだった。

優しい風がすうっと吹き抜けていった。

生きる目的を見つける

あのとき、4年生の僕は、リビングルームの床で激痛に耐えながら、天からのお告げをはっきりと聞いたのだった。いつもあちこち痛みを抱えながら、それでもずっと自分の人生を愛してきた。そして――ここが何よりも大事なことだが――そうやって自分の人生を愛するにはどうすればよいかを人々に教えることが僕の使命なのだと悟《さと》った。

母はさらにもうひとつ、深い言葉を僕に投げかけた。

「ショーン、痛みから逃げることはできないわ。痛みは誰にでも起こるものよ。でも、痛いといって苦しむかどうかは、その人が決めることができる」

そのときから僕は変わった。

あのハロウィーンの日、僕は贈り物をもらった。怒りを昇華させて、決してあきらめない気持ちにさせてくれるものを。

もちろん、つらくて悲しい気持ちはある。でもそれは一時的なもので、あの日以前に感じていた絶望的などん底の気持ちではない。そんな暗い目をした人をときどき見かけることがあるけれど……。

別の種類の痛み

月日が経ち、男の子たちがボーイスカウトの技能章のバッジを次々と獲得するように、僕は何度も骨折を重ねていった。200を超えたところで回数を数えるのはやめた。骨折のせいで予定が狂ったのは、あのハロウィーンだけではない。キャンセルになった出来事は数知れない――バカンスの予定、泊りがけの外出、学芸会、科学博覧会、何百日もの登校日。

僕は何度となくこう聞かれた。「ショーン、しばらくしたら痛みに慣れるってことはないの？」

「ないよ」と僕は答える。「せいぜい、痛みをコントロールするコツがわかるくらいだな」

意外なことに、骨折の肉体的な痛みは、精神的な痛みほど苦しいものではない。何日も何日も、休憩時間に教室の窓際に座って校庭を見下ろし、涙をぬぐいながら、友人たちがドッジボールや鬼ごっこをするのを見ていたのを思い出す。

僕はよく、雨が降りますようにと祈った。雨が降れば、休憩時間は屋内で過ごすことになるから、みんなと一緒にいられる。ニンテンドーDSでゲームをしたり、レゴ・ブロックで何か作ったり、ウノのカードで遊んだり。そういう遊びなら壊れやすい僕の小さな身体でもなんとかできる。そういう遊びのおかげで友だちと仲良くなれたが、やんちゃで遊び盛りの彼らをずっと屋内に引き止めておくには物足りなかった。僕は孤独を感じることが多かった。

でも僕には姉がいた。だけど時々、僕のような弟がいることで姉の生活はやっかいなことになっていた。

「あのショーンのお姉ちゃん」

姉の名はハイジ。2歳のとき僕が生まれて、まだ幼い姉の世界は一変した。病院である看護師が両親に言った。「ショーンのことはご心配なく。あの子は大丈夫です。ハイジにいっぱい愛情を注いで気にかけてあげてください。でないと、弟の障害の陰で忘れられてしまいます」

両親はこのアドバイスを心に刻み、僕とハイジに同じだけ気持ちを向けるようにいつも心がけていた。でも外の世界では、そんな心がけどおりにはいかなかった。みんな僕の病気や痛みに関心があり、いつも「ショーンは元気?」と聞かれる。すると両親は礼儀正しくこう答えた。「ハイジもショーンも元気よ。心配してくれてありがとう」

もちろん、僕がそばかすだらけのちっちゃくてかわいい顔で猛毒のコブラさえとろかすようなとびきりの笑顔を浮かべても、姉との関係には効果はなかった。僕は非常に外向的な性格で、人づきあいをやめようとはしなかった。町中どこへいってもみんな僕のことを知っていた。ハイジはいつも学校のミュージカルで主役に抜擢《ばってき》され、成績も優秀だったが、僕が人とは違っているというだけの理由で大きな注目を集め、姉が当然受けるべき称賛の嵐をかっさらってしまうことがしばしばだった。姉は「あのショーンのお姉ちゃん」というレッテルを貼られることが我慢ならなかった。

それでも、僕と姉の喧嘩はおおむね世間一般の兄弟喧嘩と似たようなものだった。僕の病状という付加的要素に対処しなければならないという点を除いては。僕には想像するしかないが、姉にとってつらい時期だっただろう。しかし大人になった今では、僕たちはとても仲良くやっている。

自分の限界を決める思い込み

自分の病気は人智を超えた理由で神様から授かった、抗《あらが》えないものだとわかってはいたけれど、それでも友だちと同じように、走ったり、ジャンプしたり、山登りをしたりしたかった。大きくなるにつれて、こうした遊び好きの子どもらしい願望に代わって、別の憧《あこが》れがわいてきた――憧れとともに、新たな失望もたくさん味わうことになった。

1991年、中学校に入学したとき、この世で一番ミステリアスなものと遭遇した――女の子だ！　単に性ホルモン的理由で好きだというだけではない。女の子たちは僕と同じくとても社交的で友だちを大切にする。大人になるまで、僕にはいつもガールフレンドがいた――「メモがくるまで」の間の関係だったけれど。

7年生になったとき、ひとつ上の学年の女の子に恋をした。美人ですごく人気のある子で、彼女も僕のことが好きだった。

何歳の人でもわかってもらえると思うが、男にとって、好きな女性が自分を好いてくれているのがわかっているときの気分ほど素晴らしいものはない。その頃の僕がそうだった。学校の男子生徒全員にうらやましがられた。世界を制した王様の気分だった……ある日、ロッカーを開けてメモを見つけたときまでは。ただのメモではない。その紙はそれから12年間、僕の自己イメージにつきまとって離れなかった。

そこにはこう書かれていた。「ショーン、もう終わりにしましょう。友だちに、あなたのような人とデートするのはよくないと言われました。ごめんなさい」

どういう意味なんだろう。面白くて、いいヤツで、バニラアイスが歌うラップの歌詞を全部知ってるような人とはデートできないってこと？　どうして？　よくわからないメッセージに納得がいかなかった。そこで僕はスパイを送り込んだ。同じ学校に通う、いとこのケイティだ。彼女の報告を聞いて、恋心は一気に冷めてしまった。女性に対してひそかに恨《うら》みを抱くようになり、20代なかばまで完全には立ち直れなかった。

「ショーン、こんなこと言いたくないんだけど……」ケイティは口ごもった。僕が怒るだろうと思っているのがわかる。

「言ってよ!」と僕は叫んだ。

「彼女は本当はあなたのことが好きなんだって言ってたわ。でも彼女の友だちがみんなからかうの。車椅子に乗った小さな男の子とデートするなんて、って。もっといい人とデートできるのにって」

「なんてことだ」

恥ずかしさと悲しみが一気に押し寄せてきて、息苦しくなった。呼吸ができない。これまでも痛みは経験しているが、こんなふうではなかった。涙をこらえて、空き教室に駆け込んだ。1時間は泣き続けていただろう。車椅子の角度を、窓に映る自分の姿が見えないようにして。恥ずかしかった。胸が空っぽになった気がして、肋骨《ろっこつ》が砕けるのではないかと思った。

僕は病気のせいでスポーツも森の探検もできずにきたが、今度は恋愛からも遠ざけられようとしていた。その日、僕が犯した重大な過ちは、駆け込んだのが生物教室だったことだ。それから何年も展示物が脳裏から離れなかった。

僕は自分を抑え込み、こんなふうに考えるようになった。「僕には障害がある。確かにいいヤツだけど、**でも**彼氏としてはふさわしくない」

嫌な考え方だって？　そのとおり。

女の子に声をかけられなくなったわけではないが、高校でも大学でも、大学を出て働き始めた数年間でさえ、デートをするようなつき合いはしなかった。相手の女の子が目を覚まして、もっといい人とつき合えるはずだと気づくのではないかと恐れ、いつも相手の様子をじっと窺《うかが》っていた。こうした不安におびえた考え方を引きずったまま、思い出に残る何人かの女性と出会った。もちろん、僕を好きになってくれる女性もいたけれど、結局は友人からの忠告によって不本意ながら別れることになった。

それでも、僕の人生は悪いことばかりじゃなかった。事態は好転しようとしていたのだ。

いいことが起こる予感

大人になると大抵は、自分の幼少時代を、あの頃は単純で無邪気で何もわかってなかった、と遠い昔の出来事のように思う。しかし、幼少期はその人の現在の姿の下絵であると主張する専門家も多い。幸いにも、僕は１９９３年に高校に進学し、前向きな考え方ができるようになってきて、その結果、いいことが起こる予感がしていた。

両親は僕と姉を育てるという大変な仕事をしていた。両親はいつだって子どもたちに授ける知恵を持っていたように思える。そんな知恵のひとつ、10代の頃の僕を勇気づけてくれたのが、次の言葉だ。「ショーン、病気のせいで一生できないことがおまえにはたくさんあるけれど、自分にできることを一生懸命に探してみなさい」

思春期に入る頃、骨折する回数が減ってきた。1年のうち70〜80日は欠席していたのが、30〜40日程度になり、課外活動に参加できる機会も増えた。僕が興味を持っていた分野は2つ。テレビ番組制作と生徒会活動だ。

僕が通っていたのは、イリノイ州ラグレンジにあるライアンズ・タウンシップ高校だ。規模が大きいため、キャンパスは2つに分かれていて、1・2年生と3・4年生で別々のキャンパスだったが、どちらも僕の家から1キロ半ほどの距離にあった。その高校にはラジオ局とテレビ局があって、僕は自分の創造性を発揮する場として、その両方に飛びついた。高校で過ごした4年以上のあいだに、僕はトークショーやデート番組、政治討論番組、連続コメディドラマなどをプロデュースした。

台本を書き、プロデュースをし、編集もキャスティングも行ない、ときには自分の制作するドラマで演技もした──2年生のときに7回に渡って出演した。25人以上が俳優として出演し、学校の中だけでなく、学校の外でも──許可なしで大急ぎで──ロケ撮影をした。「リビング・スルー・ハイスクール」という題名のドラマで、地元のケーブルテレビで放映され、視聴率も結構高かった。コロンビア・カレッジのビデオ・フェスティバルでは、ドラマ部門で銀賞を獲得した。今から思えば、僕が子どもの頃に大好きだった土曜の朝の人気学園ドラマ「セイブド・バイ・ザ・ベル」に捧げる作品だったといえるかもしれない。

テレビ番組の制作は簡単なことではなかった。作品全体に注意を払うために、機材をうまく工夫しなければならない。つまり、カメラマンがどんな画像を撮っているのか僕がわかるようにカメラに外部モニターを接続するとか、編集作業をするために機材を僕が届く高さまで下げる、といった具合だ。それには父の手助けが不可欠だった。放課後、ほとんど毎日学校に来て撮影を手伝ってくれた。

この頃、僕は生徒会の副会長の仕事もやっていた。任務は難しくはなかった。だが、他の人なら自分でできることでも、僕がやるには誰かに手助けを頼まなければならない。恥ずかしいなんて贅沢《ぜいたく》言ってる場合ではなかった。僕が真剣に頼んでいるとわかってもらうために、自分の要望はわかりやすくはっきりと自信を持って伝えなければならないということを学んだ。その後もずっとこのやり方に頼ってきた。

「僕の友人」

高校生活での唯一の苦い思い出は、生徒会長選挙で敗れたことだ。生徒会長になるために高校時代ずっと頑張ってきたのに落選。でも、すべては天の計《はか》らいだったと思う。もし生徒会長に選出されていたら、ボーイズ・ステイトには出席できなかったはずだ。これに出席できたおかげで、僕はもっと大きなチャンスを得ることができた。

ボーイズ・ステイトは米国在郷軍人会がスポンサーとなって行なわれる催しで、イリノイ州全域の各校のリーダーたちが参加する青年集会だ。参加者およそ1000人の中から、僕は組織のトップである代表《ガバナー》に選出された。ここからさらに全米組織のボーイズ・ネイションへと僕の人生は開けていった。ボーイズ・ネイションは、全米からの参加者3万8000人の中から選ばれたわずか96人だけが参加できるエリート・プログラムで、選りすぐりの優秀な青年たちの集まりだった。そのOBには、上院議員が3人、州知事が4人、ピューリッツァー賞の受賞者であり映画評論家でもあるロジャー・エバート、ビル・クリントン大統領らがいる。そんな集まりに参加できて僕は誇らしかった。

僕の参加するボーイズ・ネイションのクラスがホワイトハウスを訪れた日のことは決して忘れられない。イーストルームでクリントン大統領とともに5時間過ごし、記念撮影のときに僕は車椅子で大統領に近づき、並んで写真に収まった。

大統領はとびきり明るい笑顔で微笑《ほほえ》みながら、僕の目を見つめて言った。「ショーン、君はどこから来たんだい？」

「シカゴです」

「ほんとに？　ヒラリーの出身地じゃないか。そういえば今年、民主党の全国大会が開かれることになってるよ」

「あの、大統領、お越しの節はぜひ私に会いに来てください」

みんなが笑った。真面目な顔をしたシークレット・サービスの護衛官まで。僕だけは真剣だった。そして数カ月後、本当に大統領が僕に会いに来てくれたのだ。選挙ツアーの途中、4万人の人混みの中から僕を見つけてくれた。僕を見つけた大統領は、シークレット・サービスに僕を人混みから引っ張り出させ、舞台裏で会う時間を作ってくれた。そして、民主党全国大会が行なわれるユナイテッド・センター・スタジアムの大統領特別席に僕の家族全員を招待してくれたのだ。

党大会の夜、セキュリティ・チェックを受けるために列に並んで待っていると、シカゴ警察の警官がやってきて、ここでいったい何をしているんだと尋ねられた。そこで僕は本当のことを言った。

「僕は大統領と友だちなんです」

警官は僕の頭をぽんぽんと撫《な》で、ちょっとバカにしたように笑いながら言った。「ああそうだな、ぼうや」

その夜、CNNテレビの中継で僕の姿が世界中に放映された。番組の放送を観るまで、自分が撮影されているなんて気づかなかった。大統領がスピーチのなかで、障害のある人々について述べたとき、特別席に誇らしげに座っている僕の姿がはっきりとアップで映された。スタジアムを後にするとき、僕はあの警官にウィンクをした。テレビで僕を観たばかりだったようだ。彼は笑っていた、今度は自分を笑い飛ばすように。

スキルを磨く

僕のことを信じてくれない人、できるはずないと決めつける人、まともにとりあってくれない人を全員一列に並べたとしたら、まちがいなく月まで往復する距離になるだろう。どれほど多くの人に言われたことだろう。

「確かにいい人だし、頑張ってる。でも……」

僕は別にかまわない。恨《うら》む気持ちもない。勝ち目のない勝負のほうが面白い――負けるが勝ちって言葉もある。

その後の5年間、僕の生活の大部分を占めていたのは、政治だ。大学では政治学を専攻し、選挙運動に6回参加し、選ばれた人だけが受けられるインターンシップ研修に参加し、米国下院議員ウィリアム・リピンスキー議員のもとで連邦議会の仕事をし、最終的にはホワイトハウスでクリントン大統領の近くにいた。

ホワイトハウスでは、大統領顧問団の事務局で働いた。上司のサーグッド・マーシャル・ジュニアは、最高裁判所の元判事サーグッド・マーシャルの息子で、自身も法曹界で数々の名誉を受けている人だった。僕は長時間働き、一日12時間以上仕事をすることもたびたびあった。あの夏、クリントン大統領がケネス・スター検察官に追及され、議会議事堂で護衛官二人が射殺され、干ばつによる火災がフロリダを覆《おお》い、アフリカで大使館が爆破された。ぼんやりしている暇なんてなかった――概して僕の人生はぼんやりできる瞬間なんてないのだけれど。

自分をあきらめるな

たとえその道の専門家に、おまえに勝ち目はないぞと言われても、決してあきらめてはいけない。2001年、僕はシカゴのデポール大学を卒業した。

「優秀卒業生、ショーン・クリンチ・スティーブンソン！」

僕の名前が呼ばれたとき、満員の会場が拍手喝采で沸き、3分間鳴りやまなかった。歓声があまりにすごかったため、しばらく式が中断したほどだ。僕は車椅子でステージを進み、卒業証書を高く掲げたとき、まるで天井に手が届くような気がした。両親は嬉し涙を流していた。生後すぐにドクターからまもなく死んでしまうだろうと告げられた、あの弱くてちっちゃなベイビーが、その生まれた病院の目と鼻の先にある大学に通うことになるとは、夢にも思わなかっただろう。

大卒の資格を得て、政治関係の仕事もいくつか経験した。大学ではずっと立法機関に就職するための勉強に励んでいたのだが、卒業後、政治の世界には戻らなかった。運命は僕に別の道を用意していた。ジョン・レノンが言っていたことは正しかった。「別の道を進もうともがいていると、人生は開けるものなのさ」

驚きの選択

キャリアの方向の大転換は思ってもみない時にやってきた。高校時代も大学時代も、企業や学校や教会などからスピーチを頼まれることがあった。家庭や人間関係や仕事におけるいろんな障害を乗り越えるにはどうしたらよいか、話してほしいというのだ。あちこちでスピーチをして多少の謝礼をもらってはいたが、服やらCDやらビデオゲームなんかを買える程度の金額で、それをフルタイムの仕事にするなんて選択肢として考えたことがなかった。

あるとき、父が僕を座らせてこう言った。「ショーン、世界を変えたいというのがおまえの目標なら、プロとして、スピーチを仕事にすればいいじゃないか。みんなおまえの話を聞きたがっているし、おまえを尊敬しているよ。トニー・ロビンズがやっているように、講演活動で人々の心を動かすことを考えてみたらどうだ」

父の言うとおりだ。僕が政治に傾倒していた理由は、世界を変えるためにできる表現手段だと思ったからだ。確かに、プロとして講演を行なうことも表現手段のひとつだろう。ただひとつ問題があった——自分が講演家になりたいのかどうかがわからない。あちこちを旅して回って、来る日も来る日も同じ話をするなんて、本当に自分はやりたいのだろうか？

気持ちは揺れていたが、講演依頼の電話は鳴り続けていた。それを僕は天の啓示《けいじ》だと考えることにした。天の采配《さいはい》を信じ、それに従うことが必要だと思った。僕はこれまで以上に講演を引き受けて、前へ進みはじめた。

学校に戻る

何度も質問されたことがある。「人前で話をするとき緊張しませんか？」

僕の答えは簡単だ。「しませんよ！」

人前で話をするという行為は、僕にとっては難しいことでも何でもなく、楽しいくらいだ。それでも最初の頃、講演後に学生たちが僕のところへ来ていろんな難問にアドバイスがほしいと言われると、緊張したものだった。

「私の友人が自傷行為をしているみたいなんです。どうすればいいでしょうか」

「自分がゲイだということを両親に告白しようか、悩んでます。うちの親は信心深いから、勘当《かんどう》されるんじゃないかと思って。どうすればいいでしょうか」

「父が自暴自棄になっていて、なんとか助けたいと思うのですが、どうすればいいでしょうか」

確かに、難しい問題ばかり。僕にどうこうできる問題じゃないことは明らかだ。

意欲的な聴衆にとって一時間の講演では足りないのだということがわかってきた。聞きに来てくれた人たちが心の葛藤《かっとう》や日々の混乱から解放され、より良い人生を送れるように、その手助けをしたいというのが僕の願いだ。心に響く格言、多彩なストーリー、屈託のない明るさといったものだけでは、より深いレベルでの変化をもたらすには不十分だった。

講演後に涙を浮かべて僕に会いに来る人たちの傷ついた心に向き合うには、準備不足だと感じた。

そこで僕は、一念発起して、もう二度とやるまいと思っていたことをやることにした。学校に戻ったのだ。２００１年８月、ベネット＝ステラー・アカデミーに入り、その後アメリカン・パシフィック大学に入学した。両校で合計３年間を過ごし、心理療法と神経言語学の学位を取得した。まだ終わりではない。２００４年３月19日、アメリカン・パシフィック大学の博士課程に進み、臨床催眠療法について研究を続けた。それと同時に、思い切って、個人を対象に心理療法を行なうクリニックを構えたのだ。

セラピストとしての仕事

個人クリニックを開業したとたん、全国各地からカウンセリングを受けたいという人々がやってきた。２００６年９月には、クライアントが多すぎて広いオフィスに引っ越さなくてはならなくなり、オークブルック・テラスというゴージャスな超高層ビルに移った。クライアントはそれぞれいろんな情報源から僕のことを知って、クリニックにやってくる。人からの紹介、ラジオ、テレビ、出版物、僕の講演を生《なま》で聴いて、などなど。クライアントの中には、うんざりする話や、胃がむかつくような話、信じられないと首を振りたくなるような話をする人もいる。

僕は他のセラピストとは違うと言われることがある。それが本当かどうか自分ではわからないが、たぶんそれは僕が人生の選択を間違えた人についてあれこれ意見を言わないからだ。それに、クライアントは僕を一目見れば、「おやおや、この人自身もトラブルを抱えているじゃないか。この人だってできるんだから、私にもできる！」と思うからかもしれない。

僕はクライアントがどんな思いをしているかを知りたいなんて決して要求しない。「あなたがどんな思いをしているか、私にもわかります」という言葉には我慢できないからだ。人がどんな経験をしているかなんて、だれにもわかるはずがない。僕はいつもクライアントにこう言っている。「あなたがどんな思いをしているか、私にはわかりません。あなたの家族に囲まれて育ったわけではないし、あなたの学校に通ったわけではないし、これまでの経験も違います。あなたの身体で生きてきたわけじゃない。私が知り尽くしているのはただひとつ、私であることだけです」

楽観的な現実主義者だという人もいるだろう。品のない言い方かもしれないが、人生なんてくそくらえってときもある。それでもなんとか切り抜けて、今何を選択するかによって未来を変えられると信じることが、我々に与えられた課題なのだ。

僕の恋愛遍歴

24歳のとき、ある女性に恋をした。僕の理想にぴったりの女性だった。頭が良くて美人で、外見も内面も素敵な人だった。僕らはすっかり意気投合して仲良くなった。会うたびにますます親密になり、「語り合う」ようになった。

「ショーン、あなたは私の理想の男性だわ、でも……」

そのあとに続く言葉は、もうおわかりだろう。

「……私、この先ずっと、車椅子に乗った小さな男性とともに生きようとは思えない」

どん底まで落ち込んだ。二度とその台詞《せりふ》は聞きたくなかった。その夜、僕は決して男として女性から望まれることはない、一生独身のままだ、と思い知った。僕の身体的障害のせいだということはわかっていた。根拠はいろいろある。女性は背が高くて日焼けしたハンサムな男性としかデートしたいとは思わないのだ、と考えた。

いやだ！　一生結婚できないなんて納得できなかった。そこで自分にできる最良のことをした。外へ出かけて、女性が本当に男性に求めるものは何なのか、徹底的に学ぶことにしたのだ。それには4年かかった。

性的魅力と男女関係の分野においてトップクラスの頭脳を誇る方々のもとで勉強した。

エベン・ペイガン（ペンネーム＝デイヴィッド・デアンジェロ）、エリック・フォン・シドー（ペンネーム＝ヒプノティカ〔催眠術の意〕）、アダム・ジラッド（ペンネーム＝グラント・アダムス）、ザン・ペリオン、ポール・ドブランスキー博士、アミール・ジョージズ・サボンギー博士、デイヴィッド・ワイガント、ランス・メイソン、トラヴィス・デッカー、ニール・ストラウス（ペンネーム＝スタイル）、オーウェン・クック（ペンネーム＝タイラー・ダーデン）。彼らに学んだおかげで、僕の心は楽になった。

女性は男性に対し、外見的にどうあってほしいと望んでいるのではない。どういう気持ちにさせてくれるかが問題なのだ。

自分が人と違っていることや、恋人がいないこと、この歳で恋愛経験があまりないといった不安はきれいさっぱり忘れることにした。ありのままのじぶんを受け入れる、辛抱強い大人の男へと成長しはじめた。他人に認められていると感じたいがために女性と腕を組む必要はないのだということを悟った。

これをきっかけに、僕の恋愛は前向きに変わっていった。僕のすべてを愛して受け入れてくれる女性と出会い、つき合うようになった。他の男たちが注目しはじめている女性に声をかけるのも平気になった。世界中の男性たちから、デートについてアドバイスがほしいと言われるようになった。女性とのつき合い方の問題解決法を教えてほしいと、国外からも僕のカウンセリングを受けにくるようになった。

「でも」をなくす

もしも時間をさかのぼることができるなら、生物教室でひとり泣いている小さな男の子をそっと抱きしめ、いつか君もとびきり美人で頭が良くて心の優しい女性が近寄ってくるようになるよ、と言ってやりたい。残念だが、おそらく彼は僕の言葉を信じはしないだろう。彼はいつも「でも……」ばかり言うのが癖になっていた。

自分の限界よりも手前であきらめていると、他のものが何も見えなくなるということを僕は学んだ。だからこそ、人々が目を覚まして気づくように手助けをしたいと切望するようになった。場合によっては、目を覚ませと強く揺さぶりもするかもしれない。人生で起こる出来事は必ず乗り越えていけるということをぜひみんなに知ってもらいたいのだ。問題は「でも」のパワーの強さであり、地球上で最強のそのネガティブ・パワーと戦うのは至難のわざで、残念ながら不可能に近いこともある。

僕はこれまで国内47州と国外6カ国を訪れ、一年に何千人という人々に会ってきた。その中でわかったことがある。人生の夢や希望に手が届かない原因はただひとつ、その人の「でも」の大きさのせいなのだ。

「でも……」は容易な言い訳で、何かをやめたいときにはその言葉に頼る。問題解決のため、目標達成のため、失敗の挽回のために、他にもうできることはない、お手上げだ、と思ったときにも使える。次のような言葉に聞き覚えはないだろうか。

「もちろん、私だって変えたいと思っている、でも……」

・もう年だから、あるいは、まだ若すぎるから
・背が低すぎるから、あるいは、背が高すぎるから
・太りすぎだから、あるいは、やせすぎだから
・かわいくないから、あるいは、ハンサムじゃないから
・そんなに賢くないから
・母子家庭、あるいは、父子家庭で育ったから
・学習障害があるから

僕たちの言い訳は膨大なのだ。言い訳に頼っている期間が長ければ長いほど、言い訳はどんどんふくらんで大きくなる。何年もずっと言い訳にべったり頼りきっている人の例を、ここで3つ挙げてみよう。

「運動もして食事にも気を遣いたいと思うけど、**でも**、時間がないんです」

「禁煙したいと思ってるんです、**でも**、吸わないとイライラしてしまって」

「ある女性をデートに誘いたい、**でも**、もし断られたらどうしよう」

言い訳に頼りきってしまっている人の例を挙げていったら、この本一冊埋まってしまうだろう。実際、自分の人生をまさに丸ごとすべて言い訳で過ごしている人もいる。言い訳の上にあぐらをかいている人は多いのだ。

言い訳をさせる周囲の人々

友人や家族からのプレッシャーのせいで言い訳にしがみついているとしたら残念なことだが、実はその残念な状況は決して少なくない。

だれかが前へ進もうとしているのを見ると足を引っ張ろうとする人がいるのはなぜなのだろう。簡単に言ってしまえば、置いていかれたくないからだ。友人がじっと言い訳の上にあぐらをかいているときに、あなたが言い訳をやめることにしたなら、友人はあなたが自分から離れていってしまうのではないかと心配する。その疎外感《そがいかん》に不安を募らせる人が多いのだ。

あなたが言い訳をやめてうまくやっていけばいくほど、友人の不安は募《つの》っていく。不安を好む人はいない。むしろ自分のすぐそばで言い訳をしていてほしいと願うのだ。

疎外感や屈辱感といった感情のほかに、自分が愛する人が傷つくのを見たくないと思う気持ちも一因となる。あなたを愛している人は、あなたが言い訳をやめて前へ進んだ結果が失敗に終わるのを見たくない。そんな恐れから、あなたに言い訳を続けさせる。

そして、最もありがちな、友人や家族が言い訳をやめて前進しようとするのを見たくない一番の理由は、自分も同じようにするべき時ではないのかと思い知らされるからだ。そんな自己反省を目の前につきつけられたら、居心地の悪い思いがするだろう。アルコール依存症の人が一人で飲むのを嫌うとか、食べることに目がない人がデザートを一緒に食べようと誘うとか、ぐずぐずと物事を先延ばしにする人が、他の人も仕事をサボって一緒に怠けさせようとするとかいった場合と同じことだ。

人間はおかしな生き物である。正直でありたいと主張しておきながら、現実から目を背《そむ》けることがよくある。しょっちゅう自分に嘘をつく。願望を公言しておきながら、それを実現するための努力はしない。あるいは、現状に不満はないと言っておきながら、実はひそかに苦々しく思っていたりする。金銭的な苦境、肥満、孤独を憎み、人にコントロールされることを嫌がる。感情的あるいは身体的な抑圧感を嫌う。そうした傾向によって、変化を求めて何か行動を起こすよりも、すべて今のままで問題ないかのように振る舞うほうがずっと楽だと納得してしまう。

とんでもない、大嘘だ！　言い訳をやめることは必ずできる。ネガティブ思考が頭の中でエンドレステープのように語りかけてくるだろうが、それほど大変なことではない。

なぜ人は言い訳をするのか

人が言い訳をするのは、たいてい次の3つのうちどれかにあてはまる。

〔1〕言い訳によって自分を抑制していることを自覚している場合。まさに動けない状態にある。

〔2〕言い訳をやめることが非常に大きなリスクになる場合。幸せになるチャンスに賭けるよりも、これまでどおりの不幸せな状態のままでいるほうが簡単なのだ。たとえば次のような場合。試験勉強をしなければ、不合格になる確率が高いのはわかっている。でも頑張って勉強したとしても、確実に合格するという保証はない。すると、失望する可能性を承知のうえで頑張るよりも、不合格の確率ばかりに目が行って言い訳にしがみつこうとする、そんな人がいるのだ。

〔3〕〔1〕と〔2〕の混合に陥ってしまっている場合。自己暗示のように言い訳によってずっと自分を抑制しようと思い込み、それに加えて、変化を試みて何が起きるかを期待するよりも現状維持のほうが楽だと考えている。

おわかりいただけただろうか。この3つはどれも真実ではない。悲しいことに、言い訳に頼れば頼るほど、人は弱くなる。筋肉を使わないでいるといずれ萎縮《いしゅく》してしまうのと同じだ。不安や言い訳の上にじっと居座っていると、そこから抜け出すのが難しくなる。長く言い訳に頼っていると、自分が本当に望んでいた人生の夢を追い求めることはなくなるだろう。

自分の夢がそこに見えているのに、いつもあと少しで手が届かないような感じだ。そんな人生を本当にあなたは望んでいるだろうか。

僕はそんなのはイヤだと思った。

さあ、言い訳をやめよう!

本書は、言い訳をやめるためのレッスンとして6つのステップで構成されている。まず基礎をしっかりと築いてから段階的に進めるように考慮してあるので、前から順番どおりに読んでほしい。各レッスンの中に「**言い訳撃退作戦**」という実践課題《プラクティス》があるので、レッスンの効果を最大限に上げるためにもぜひじっくりと取り組んでみてほしい。

まずは日々の記録をつけるための「**言い訳撃退ノート**」を用意すること。凝ったデザインの日記帳でも簡素なメモ帳でも構わない。

また、レッスン〔1〕～〔5〕の最後には、僕の友人たちがどのようにして言い訳をやめて周りの状況に立ち向かっていったかという「**実話**」を紹介している。

時間節約のためにこの実話の部分を読み飛ばそうというのはやめていただきたい。どれも非常に興味深いし、これを機に自分を甘やかすのをやめようという人にはとにかくもってこいの話ばかりなのだ。もちろん、レッスンの中でも僕や友人のことをさらに知ってもらえるだろうし、それに――これが一番重要なことだが――あなたが自分自身のことについてさらによく知ることになるだろう。何に押しとどめられて自分の人生を精一杯に生きることができずにいるのか、そして言い訳をやめたときにどんな素晴らしい境地に到達できるのかを知ることができるだろう。

僕の人生はほんの一例にすぎない。僕はある障害とある才能を持って生まれた。僕を全面的に支えてくれる両親に愛され、いくつかの素晴らしい機会に恵まれた。あなたも生まれながらに困難や資質や才能や機会を与えられている。

あなたがこの本との出会いをチャンスととらえて自分を信じるきっかけになることを願っている。どんなに大きな言い訳を抱えている人でも、あるいは、どんなに長いあいだ言い訳の上に居座ってきた人でもかまわない。今この瞬間から、この本を読み進めながら、一緒に頑張ろう。これまで夢見ていた以上に、もっとワクワクする充実感いっぱいの人生を作っていこう。

準備はいいかな？

さあスタートだ！

〔レッスン1〕★

心を通わせる、人とだけでなく自分自身とも

大事なのは心を通わせること

そのバスの運転手は、55歳、髪は薄く、太り気味で、ちょっと悲しげで優しい笑顔を浮かべていた。「ボストン・ビルって呼んでくれ」。僕が彼のバスに乗り込むと、彼はそう言った。

夜の10時を少し過ぎた頃だった。僕たち家族はみんなすっかり疲れきっていた。ひどい悪天候のために帰路のフライトが欠航になり、空港でずっと待機していたのだが、ツイてなかった。しかたなくその夜はボストンで一泊することになった。ビルが運転するホテルのシャトルバスに乗り込んだときには、もうくたくただった。その小型バスは車椅子に対応していなかったので、僕はチャイルド・シートに座らされて、ビルの隣の助手席におさまった。10歳の僕はとにかく疲れていて、もう眠くてしかたなかったが、ビルは感じの良い人だと思った。さんざんだった一日は吹き飛んで、気分が明るくなった。

空港からホテルまで僕たちはずっと話をしていた。ビルと冗談を言ったり、あれこれと質問したりしているうちに、時間はあっというまに過ぎた。ホテルに到着し、挨拶《あいさつ》をして別れた。

もう夜も遅く、僕たちはお腹がペコペコだったので、軽食をとろうとホテルのレストランに駆け込んだ。ちょうど閉まるところだったが、ウェイトレスの人が同情して入れてくれた。きっと腹ペコで疲れきっていた僕たちを追い返すに忍びなかったのだろう。料理が運ばれてきて、さっそく食べ始めた。

シーフードパスタを半分くらい食べ終わった頃、ふと顔を上げると、運転手のビルが僕たちのテーブルに向かってくるのに気づいた。だが今度のビルは笑顔ではなかった。今にも泣きだしそうな顔をしている。

「お食事の邪魔をして申し訳ありません」。ビルが両親に言った。そして僕の頭のてっぺんに優しく手を置いて言った。「みなさんにちょっと聞いてもらいたいことがあるんです」

そして彼は話し始めた。

「ここ最近、ずっとつらい日々が続いていました。女房が家を出て行ってしまい、子どもたちは私とは口をきこうともしないし、ずっと酒びたりだったんです。セラピストやカウンセラーのところへも行ったけど、何の効き目もありませんでした。このちっちゃな坊やがバスに乗ってくる前は、今夜自殺をしようと真剣に考えていたんです」

もう僕たちはみんなフォークを置いて、真剣に耳を傾けていた。

「でも、この息子さんが、空港からの短い道中のあいだに、セラピストたちがよってたかってでもできなかったことを私にしてくれました。この子に会って、いろんな苦労があるはずなのにこの子が幸せそうなのを見て、自分の人生を客観的に考えることができました。希望が見えてきました。だからどうしてもお礼を言いたかったんです」

そう言って静かに涙を流しながら、彼は僕の頭のてっぺんにキスをして立ち去った。僕たちは何も声をかけられなかった。父も母もハイジも僕も、じっと黙って座っていた。まるで奇跡のようなものを目撃して動けずにいるみたいに。僕は不思議な気分だった。

いったい自分は何をしたんだろう？　ただ彼のバスの助手席に座って、彼のことについてあれこれと質問をし、ちょっと冗談を言ってからかっただけなのに。ただちょっと感じよく接するようにしただけなのに。燃えさかる建物に飛び込んで命がけで彼を助け出したというわけじゃない。

それからずっと何年も、このときの経験に戸惑《とまど》いを感じていた。そして20代初めのある日、有名なプロの講演家のセミナーを聴講していたときのことだ。素晴らしい内容で、非常に知的な人だと思った。ところが、場内はざわざわと落ち着かず、聴衆は退屈しているようで、僕の近くの席の女性は居眠りをしていた。聴衆がだれも集中できていないのは痛々しいほど明らかだった。彼が伝えようとしているのがとても大事な内容だということは伝わってくる。なのになぜ、だれも耳を傾けようという気にならないのだろう？

そのとき突然ひらめいた。人の心を感動させ、気持ちを鼓舞《こぶ》し、安らぎを感じさせるためには、ある要素が絶対に必要であり、彼にはそれが欠けているのだ。その要素とは、「**心の交流をする能力**」だ。単に情報を交換するだけのコミュニケーションとは異なり、心の交流とは人間性を伝え合うこと。そこには天と地ほどの差がある。

次の瞬間、ボストン・ビルのバスに乗ったときのことを思い出した。すべてがすとんと理解できた。僕がただの会話だと思っていたことがなぜ、ビルの人生を変えたのか、その理由が今やっとわかった。彼の目を見て、彼の話に耳を傾け、からかって冗談を言いながら二人で会話を楽しんだ。とても深く心が通い合った。彼にはその頃、だれともそういう心の交流がなく、ただの情報交換のコミュニケーションしかなかったのだ。

そうこうしているうちに、講演が終了した。聴衆は立ち上がり、静かに会場から出て行く。その顔に幸福感や高揚感はなかった。心の交流のないコミュニケーションは、エネルギーを消耗させてしまうのだ。

その場で僕は、あのときの心の交流の経験がどういうことだったのか、探求してみようと決心した。言いたいことをすべて相手や自分自身に伝えたからといって、どうにもならないことはもうわかった。真に心を通わせること——相手だけでなく、自分自身に対しても——が、言い訳をやめるための最初のステップなのだ。

さあ、最初はみんなこの第一歩から始まるのだ！

なぜ心の交流が必要なのか

あのとき、もし僕が自分にこう言っていたらどうなっただろう。「ボストン・ビルと会話をすることもできる、**でも**、すごく疲れているし、会話をしたからって別に得するわけでもないし」。そんなふうに考えた場合の結果を想像しただけでもぞっとする。

この「**でも**」に阻害されて、相手の人との心の交流ができなくなり、人の魂《たましい》が暗闇に閉じ込められるのだ。人々が互いに心を通い合わせる方法を実践しながら毎日を過ごしていれば、現代社会が抱える問題の多くが解消されるだろうと僕は信じている。

なぜかというと、本当に心が通い合っている相手に対して、悪意のある行為はできないからだ。悪意と心の交流は共存しない。本当に心の通い合っている人を傷つける場面を想像してみようとすると、ちょっと考えただけでも気分が悪くなる。

「**でも**……」と言い訳をする人は、愛する人をずっと傷つけていることになる。それはなぜか。答えは簡単だ。相手との心のつながりを何らかのかたちで壊してしまうからだ。心のつながり——深くて強い絆《きずな》——が長く保たれているほど、自分の愛する人や、友人、家族、同僚、クライアントに対して害を及ぼすような行為をしようとは思わないだろう。そんなこと絶対にできない。

では、心のつながりとは、いったい何だろうか。

心のつながりか、コミュニケーションか

ある学生に質問されたことがある。「心の交流がそんなに重要なら、どうして大学の総合課程のカリキュラムに入ってないんでしょうか」

いい質問だ。残念ながら現在のところは、コミュニケーション論を教えるにとどまっている。

もちろんコミュニケーションも大事だ。コミュニケーションが存在しなければ、この「心のつながり」という僕のアイデアを伝えることも不可能だろう。言葉を話したり文字にしたりして情報交換をすることが不可能だったならば、今のような複雑な情報化社会に発展することはなかっただろう。

しかし、その発展も次の段階へ――情報交換から心のつながりへ――と発展しなければ、単に情報伝達を密にするための無数の機器があふれるだけの社会になってしまうだろう。意図的にそうなることを目指しているわけではなくても、現にそうなりつつある。まさに今もそれがわかる。ショートメール、Eメール、ファクス、携帯電話……いろいろあるのに、人は以前にも増して孤立し、孤独を感じるようになっている。はるか昔の先祖たちは、

今の僕たちよりも心が通い合っていると感じていたのだろうか。そんなことをよく考える。

心をつなぐ燃料

僕はかなりのテクノロジー・マニアで、常に最新機種の携帯電話やインターネット・サービスを手に入れる。こうしたコミュニケーション機器に目がない。でもその目的は常に見失わないようにしている。それは、いつどこにいても相手のことを思っているという気持ちのエネルギーを伝え合い、より親密な関係になるためのもの。

コミュニケーション機器を作動させるためには電気が必要だ。では、人間同士が心を伝え合う動力を生むためには、どんな燃料が必要なのだろう?

それは、「**感情**」である。

だれにでもさまざまな感情を感じる能力がある（神経機能に障害がなければ）。幸福感、悲壮感、孤独感、興奮、困惑、不安など、だれでも感じたことがあるだろう。人間の感情の種類は豊かで幅広い。その人がどんな人生を送ってきたのかを正確に知ることはできないが、その人も僕も同じような感情を経験したということはわかる。

感情がなければ、人生はただ目の前のことを機械的にこなしていくだけのものにすぎない。映画『リベリオン』は、人間から感情を排除したら社会はどうなるかを垣間見せてくれた。攻撃性の消失とともに暴力はなくなるが、情熱も感情表現もなくなるため、芸術、コメディ、音楽などは存在しなくなる。

僕はそんな世界に生きたいとは思わない。あなたはどう思うだろうか。

ビル・クリントンが教えてくれた10のテクニック

ビル・クリントン元大統領について好き嫌いは分かれるだろうが、心を通わせる才能においては彼が名人級であることに異論はないだろう。彼が才能を発揮する場面を僕は何度も目撃したが、実に目を見張るばかりだった。どのようにしているのだろう。彼は自分のことを軽蔑している相手とであっても、ほんの数分のうちに笑わせ、ハグをし、自分の話に耳を傾けさせて、心を通い合わせてしまう。何か特別の方法があるのだろうか。

ホワイトハウスでインターンシップ研修生として仕事をしていたとき、僕は彼の秘訣《ひけつ》を知ろうと、近くでじっくり観察した。まず気づいたのは、相手がどのように感じているかをいつも非常に注意深く観察しているということだ。会話をしている最中に相手の気持ちがすっと引けてしまうと、すぐに相手の関心を呼び起こして会話に引き戻す。

他にも数限りないテクニックを持っているのだが、僕が観察したところ彼が最も頻繁に使っていたテクニックをここで紹介しよう。

〔1〕**ストーリーを語る**

言いたいポイントをダイレクトに主張するよりも、押し付けがましくなくて、ずっと効果がある。彼の語るストーリーはいつも聴衆たちに、笑い、怒り、共感といった、はっきりとした感情を喚起するのだ。そうした感情の効果によって、彼が伝えようとしていることに聴衆の心が引き寄せられるのだろう。

〔2〕**スキンシップをする**

彼は話をするときに、相手の肩や背中や腕に手を置くことがよくある。行動によって自分のエネルギーを相手に伝えている。

〔3〕**相手の名前を覚える**

これには心底驚いた。大統領が一年間に対面する人の数は膨大だ。すべての人を記憶するのはおそらく不可能だろう。でもクリントン氏は、何回か会った人なら間違いなく名前を覚えていて、話すときには必ず名前を呼びかけた。これは次の項目に続く。

〔4〕**名前を呼びかける**

名前を覚えていた場合、あるいは名札をちらっと見てという場合でも、彼は必ず会話の途中で何度となく相手の名前を口にする。先日僕がインターンシップ修了生の集まりに参加したとき、彼は部屋に入ってくると優しく声をかけてくれた。「やあショーンじゃないか、会えてうれしいよ」。自分の名前が愛情のこもった言い方で発音される音というのは、最も心が落ち着く音なのだという話を聞いたことがある。確かにそう思う。

〔5〕しっかりと目を合わせる

クリントン大統領にいったん目を向けられたら、その目は会話が完了するまでじっと離れない。僕はこれまで有名なスポーツ選手やハリウッド女優、経済界の大物や政治家などいろんな人たちに会ったことがあるが、このテクニックを彼ほど見事に実践している人はいなかった。こうした自我のかたまりのような人たちは、じっと目を合わせて心を通わせることはできない。すぐ目の前にいる相手よりも、声をかけておくべきもっと重要な人物はいないかと、部屋の中をこっそり見回すのに忙しいのだ。最悪。

〔6〕顔の表情で気持ちを伝える

クリントン大統領は相手に挨拶をするときや喜ばしい場面では楽しそうな目で笑顔を浮かべて、悲惨な話を聞いたときには悲しい目で共感の表情をする。むしゃくしゃした気分のときには顔にもそれが表われていた。

だれでも思い当たるだろうが、彼も感情とは異なる表情をすることもあると思う。しかし、僕が見た限りでは、彼は感情を偽った表情をしていたことはない。いつも自分が伝えたい気持ちをうまく表情で表わしていた。

〔7〕相手との関係の度合いによって声の大きさや抑揚を調整する

親密な相手であれば、声のボリュームを上げてにぎやかに話す。あまり親しい間柄ではない人に対しては、ソフトな声で話し、柔らかな物腰で接する。簡単だが、効果がある。

〔8〕相手に意見を求める

初めて会ったとき、大統領は僕に向かってこう言った。「ショーン、それについて君はどう思う？」。僕は驚いた。「え？　いま大統領に意見を求められたの？」。彼が本当に僕の意見を知りたいと思ったのか、それとも世界のリーダーから意見を求められたら僕が喜ぶと思って聞いたのか、本当のところはわからない。でもそれですごく気分が良かったことは事実だし、今でもそのときのことを覚えている。人は自分の意見を言いたがるものなのだ。あまりない機会だが、何かについて意見を求められる、自分の考えに耳を傾けてもらえるとき、自分はすごく重要な存在であると感じる。

〔9〕言葉を選ぶ

クリントン大統領が下品な言葉遣いをしたり軽率なスラングを使ったりするのを僕は見たことがない。一言ずつ、自分が言いたいことを的確に表現するように注意深く言葉を選んでいる。

〔10〕人前で相手を褒める

1998年7月24日、ローズ・ガーデンで開催されたイベントに出席していたとき、大統領のスピーチのなかで、いきなりこんな言葉が聞こえてきた。「ショーン・スティーブンソンにも感謝しています。彼は1996年のボーイズ・ネイションの参加者で、現在インターンシップ研修生としてホワイトハウスで働いています。彼の仕事ぶりに感謝していますす」。そして大統領はまっすぐに僕の方を見てうなずきながら微笑んだ。

お決まりの儀礼的な行為だったのか、それとも実際に僕の仕事ぶりを喜んでくれていたのか。後者であることを僕は信じたい。最高の気分だった。

僕は時々、自分を嫌っている相手とでも心を通わせてしまうクリントン氏の才能を、親しみを込めて「**洗車現象**」と呼んだりする。高い地位の人やその家族が——大統領に対して懐疑的で快く思っていない人の場合は特に——イーストウィング・ゲートを通ってホワイトハウスに入ってくるとき、侮蔑するような表情をしていることが多かった。公開されているエリアを見学したあと、ウェストウィングにある大統領執務室にたどり着いて、大統領と対面する。数時間後、ウェストウィング・ゲートから出て行くときの彼らの顔は、来たときとはまったく違っていた。それはまるでクリントン大統領がその魔法のような力で、ピカピカに磨き上げる洗車機のごとく、人々のしかめっ面を洗い流し、心底リラックスした表情に仕上げているみたいに思えたのだ。実に見事だった！

クリントン氏の最も優れたスキルはコミュニケーション能力だと言われてきた。もちろん否定はしない。でも彼の最強の武器は心を通わせる能力だと僕は信じている。

恥ずかしくて心を通わせられない人へ

「心を通わせることが大事なのはわかります、**でも**、すごくシャイな私にはできません」。そう訴える人は少なからずいる。

僕のことをシャイだと言う人は誰もいないが、人はそれぞれ、超内向的な人から超外交的な人まで、いろんなタイプがいることは承知している。その人の性格がどうであれ、時に人は自分をシャイだと思うことがある。なぜだろうか。

「恥ずかしがる」という行動にはさまざまな理由がある。最もよくあるのが、傷つきたくないと思う気持ちだ。関与しなければ、失敗することはないし、からかわれることも、誰かをがっかりさせることも、格好悪い思いをすることもない。僕はこれを「**タートル**（亀）**コンプレックス**」と呼んでいる。頭も手足も引っ込めて甲羅の中に隠れてしまえば、誰にも触れられることはない。でも一方では、人生の素晴らしさを味わい損ねている。心のつながりを知らないままになってしまう。

恥ずかしいという気持ちは、自分自身のことを考え始めた瞬間にわいてくる。周りの人に手を差し伸べようとして無私無欲で考えたり行動したりし始めると、恥ずかしさは消えていく。


言い訳撃退作戦！　言い訳をやめるためのプラクティス

恥ずかしがるのはやめて、飛び込んでみる

人と心を通い合わせるチャンスは毎日どこにでもころがっている——コーヒーショップ、ウォータークーラーのところ、銀行で列に並びながら。なのにチャンスを生かさない人が多すぎる。自分はシャイな人間だと決めつけて、大きな壁を作ってしまっているのだ。シャイの反対語はなんだろう？

答えは、心を通い合わせること！

今度外出したときには、次のような行動を試してみて、何が起こるか見てみよう。

まず、自分はシャイではないというふりをする。ふりをするだけでいい。レジに並んだなら、列の後ろにいる人に話しかけてみる。「今日はいかがでした？　良い一日でした

か？」。でも決して相手が「ええ」と答えたところで会話が途切れてしまわないように。相手の話に耳を傾け、ちょっとした細部に興味を示す。続けて次のような質問をしてみよう。

「お仕事のどんなところが好きなんですか？」

「他の仕事を選べるとしたら、何がしたいですか？」

「明日はどんなことを楽しみにしていますか？」

会話を始める前、自分の気持ちの状態を観察しておこう。たぶん少し緊張しているのではないだろうか。そして会話を終えた後、どんな気持ちがするか観察することも忘れずに。

ぜひ何度でも試してみてほしい。

みんな心がつながっている

心のつながりとは単に親しい関係というわけではない。自分と同じように、相手が困難や苦悩を抱えているということを心から理解するということだ。まるで自分以外の人はみんな幻覚で実在せず、自分とは関係のない存在であるかのようにふるまいがちである。それは間違っている。

人はみんな心を通わせることができるのだ。それを忘れずにいれば、相手の視点から自分を見ることができるし、相手も自分の視点で見てくれる。すべての人は心でつながっている——これまで僕が勉強してきた宗教や科学はどの流派もすべて、まさにこのことが原点になっている。

すべての人を愛する理由

あるクライアントがカウンセリングの最中に言った言葉を紹介しよう。

「私はみんなと心を通わせたいのです、でも……ほんとにイヤなやつがいるんです。そういう人に感じよく接したいとは思いません」

好きな相手と心を通わせることはそれほど難しくない。自分のことを称賛してくれる相手、肯定的な気持ちで注目してくれる相手、自分の成功を願ってくれている相手、そういう人たちと心を通わせることは簡単だ。楽な相手と心を通わせることは、特に心のつながりが言い訳の最大の課題である人にとっては、良い実践練習になる。しかし、自分に否定的であったり嫌な思いをさせられたりする相手と心を通わせることによって、本物のスキルが身につくだろう。

友だちになれと言っているわけではない。だが、心を通わせる行為が自分のファンクラブを作るためにあるという間違った考え方はやめていただきたい。真の心のつながりを実現するためには、どんな人とでも心を通い合わせなければならない。

事実、僕はしょっちゅうこんな言葉を口にする。「みんなを愛しています!」

それはなぜか。どうしてそんな大風呂敷を広げるような言い方ができるのか。

簡単に言えば、だれにも所有されたくないからすべての人を愛するのだ。もし僕がだれかを嫌っているとしたら、僕はその相手に所有されることになる。うそじゃない。嫌いな相手がいるとどんなことが起こるか観察してみるといい。

・嫌いな相手によって頭の中を占有される。相手がどんなにひどいやつか、四六時中考えている。
・嫌いな相手によって会話を占有される。友人に嫌いな相手の不満を愚痴《ぐち》ってばかりいる。
・嫌いな相手によって行動さえも占有される。相手を排除しようと計画を変更したりする。

だれかを憎むと、その相手に操《あやつ》られることになる。相手の出方次第で、気持ちは浮いたり沈んだり、行動も右往左往させられる。相手を憎むのをやめて気持ちを切り替えなければ、ずっとそのままだ。誰にもコントロールされたくないという理由だけですべての人を愛するわけではないが、とても重要な動機づけになるのは確かだ。

心の交流は素晴らしい（ときには痛い目に遭うこともあるけれど）

苦手な相手と心を通わせることの効果については、大学の児童心理学の講座で学んだ。僕は大学のキャンパスから数キロのところにある小学校に派遣された。僕の研究課題には、幼稚園児から6年生まで40人のグループとの作業も含まれていた。その特別プログラムに参加してもらう子どもたちの選抜基準となったのは、両親が共働きあるいは片親の家庭で、親の仕事の都合で登校時間よりも数時間前に学校へ送り届けられ、放課後は迎えにくるのが数時間遅れになるという環境で育てられていることだった。

ある日の午後、全員を体育館に集めて、僕を囲むように半円形に座ってもらった。僕は大事な人生のレッスンを教えていた。自分自身を愛することの大切さ、クラスメートには優しくすること、共に分かち合うことがなぜ大切なのか——すると、だしぬけに靴が片方飛んできて、僕の左のこめかみを直撃した。

痛いっ！

靴がひとりでに飛んでくるはずはない。目の前に座っている男の子が靴を片方しかはいておらず、自分がやった不愉快な悪ふざけにヒステリックに笑っているのがわかった。

重たい体育館用シューズでこめかみを一撃されて燃えるように痛い——こんな場面で、

普通は本能的にどんな行動をするだろうか。靴を投げ返す？　そうしようかと思った。でも責任ある教師として児童たちの前にいるのだ。その子を連れ出して、慎重に言葉を選んで注意するべきなのか？　確かにそれも一案だろう。だが、ショック、痛み、経験不足、未熟さなど、理由はどうあれ、僕はまったく何もしなかった。何も起こらなかったふりをしてそのまま続けたのだ。痛みが持続するほどのダメージを受けなかったのを幸いに、僕は周りの子どもたちと心を通わせようという試みを続けた。「片っぽ靴のモンスター」と命名したばかりの男の子に対しても。

やがてその日のプログラムは終わった。親が迎えに来た子どもたちがひとりふたりと帰っていき、最後に一人の子が残った。誰だ？　そう、あの片っぽ靴のモンスター。そのまま45分間、二人きりだった。頭はまだじんじんと痛かったが、二人で話をした。僕はまだ彼に対して怒っていた。先生に向かって靴を投げつけるとは、なんて生徒なんだ。

ようやくドアが開き、年配の女性がゆっくりと歩いて入ってきた。

「さあ帰ろう」。その女性が男の子の手をつかんで言った。

「またね、ショーン先生」。その声はうれしそうだった。僕への好意が感じられた。

「またな」と僕はその子に笑いかけた。相手が幼すぎて皮肉が通じないとわかっているときの大人がやるような笑顔で。

僕は荷物をまとめてさっさと帰ろうとした。ようやくモンスターから解放されてほっとしていた。車に乗ろうと向かっていた途中で、よく響く声が聞こえた。「ショーン、ちょっと待って！」

その小学校の校長先生だった。

「ショーン、プロジェクトの進み具合はどうだい？　子どもたちはどんな感じかな？」

「みんな天使みたいでかわいいですよ。ひとりの子を除いては」。そして靴の一件を話した。

「どの子か見当がつくよ。その子のことをもう少し知ってやってくれないか」

「あの子がイヤな子だってことはもう知ってますよ！」。僕は靴が当たったところを撫《な》でながらそう言った。

「いやあの、ショーン、君は知らないと思うけれど、あの子の父親は、一年ほど前に、あの子の母親を殺害したんだ。今その父親は刑務所に入っている。面倒を見てくれるのは祖母しかいなくて、その祖母も、孫と二人で生活していくために、二つの仕事を掛け持ちしている。お弁当がキャンディバーとソーダだけなんていうこともしょっちゅうだよ。あの子は家で十分に世話をしてもらえないんだ。そのことを君に知っておいてもらいたいと思って」

話を聞いて、あの子をぎゅっと抱きしめてやりたい、優しい相談相手になってやりたいと思った。靴を投げ返さなくてよかった。そんなことしても何の解決にもならなかっただろう。

その日、僕は、残りの大学生活での経験すべてを合計しても及ばないほど、人生について多くのことを学んだ。人はその行動だけで推《お》し量《はか》れるものではない、ということ。そして、靴を投げ返しても何の解決にもならない、ということ。

誰かが近寄ってきて邪魔をするとか、問題を起こすとかいった場面に遭遇するのは、日常よくあることだ。「よくも邪魔をしてくれたな！」と思う。だが、事態の全体像が見えていないことが多い。相手のことがわかっている、その人がどんな苦労をしているかも知っていると思っていたとしても、実はわかっていない。わかることはできないのだ。その人として生きているわけではないのだから。

片っぽ靴のモンスターの行動は容認することはできないが、許してやってもいいだろう。行動に関しては大目に見ながら、その人の心の中で何が起こっているのかを尋ねるべきなのだ。内面の状態によって、生意気で失礼な態度、わがままで自分勝手、相手を傷つけるといった外面的な行動が引き起こされるのだ。もう一度言うが、人は行動で推し量れるものではない。

映画『ピースフル・ウォリアー　癒しの旅』のなかで主人公が次の台詞《せりふ》を言うシーンが

気に入っている。「一番好きになれない相手が一番必要な相手だってことがよくある」。まったくその通りだと思う。人は傷つけられると、自分も誰かを傷つけてやろうということばかり考える。傷が治ったとたん、誰かを傷つけようとする。

あの男の子は傷ついていた。彼の小さな心に思い浮かんだ一番の方法を使って助けを求めていた。彼は僕の気を引こうとして、信号を送っていたのだ。「ショーン、僕の靴を片方はいてちょっと僕の気持ちをわかってよ……お願い、助けてほしいんだ!」と。

言い訳撃退作戦! 言い訳をやめるためのプラクティス

「片っぽ靴のモンスター」を飼いならす

あなたの周りにも片っぽ靴のモンスターみたいな人物がいるかもしれない。その人とうまくやっていくために、忘れてはいけない重要ポイントがある。それは、あなたの最終目標はその人の行動を正すことではない、ということ。あなたが目指すのは、その人の思考や感情がはまり込んでいる罠《わな》から抜け出すのを助けることなのだ。これは簡単なことではない。でもやってみる価値はある。

〔1〕リストを作る

「言い訳撃退ノート」に、不愉快、自分勝手、感じが悪い、気に障《さわ》るといった人、あるいは迷惑行為ばかり繰り返す人など、いつも対処に困っている人物の名前を書き出そう。

〔2〕公平な目で見てみる

あなたの判断基準はどの程度まで厳正だろうか。相手にはまったく問題がなく、自分の問題をその人に投影してしまっているという可能性はないだろうか。その可能性は当てはまらない、本当に有害なモンスターだと確信できるのなら、次の項目へ進もう。

〔3〕行動の裏に何があるのかを探る

私事を詮索してもよいとか、本人に不愉快だと文句を言ってもよいということではない。あなたが相手のことを気にかけているというのを示そうということだ。「あなたがどんな苦労をしているのかまったくわからないけれど、話したいのなら、聞き役としていつでもそばにいるよ」ということを相手に理解してもらおう。

本当に扱いにくい相手と心を通わせるには

凶悪犯罪者を収容する刑務所で初めて講演をしたとき、友人に「怖かったかい？」と聞かれた。

正直に言うと、収容されている人々よりも刑務所の建物そのもののほうがずっと恐ろしかった。鋭くとがったフェンスを通り過ぎ、武装した警備官につきそわれて重厚な鉄製の門をくぐると、男性たちがいた。犯罪者でも囚人でもない、男性たちだ。その多くは僕と同じくらいの年齢か、僕より若かった。確かに、この男性たちは間違った選択をした――実に愚かな選択だ。しかし、僕が彼らの「矯正《きょうせい》」に一役買いたいと願うのであれば、それは僕の態度いかんにかかっているのだとわかっていた。彼らを見下《みくだ》すことなく、人間として接すること、その態度次第なのだ。

だから僕の口から出た最初の言葉は、「僕がみんなに敬意を払っていることはわかっておいてほしい」。するとみんなが注目した。このグループの人たちはこれまでだれかに敬意を払われたことなんてなかったんだなと思った。

「だって、僕たちには共通点があるんだよ」と僕は続けて言った。さらに注目が集まった。「僕はこの病気の身体に閉じ込められているようなものだ。君たちは過去の行為によってここに収監されている。お互いに学び合えることは多いと思うよ」

共通点というのは心のつながりに不可欠のもので、僕が言ったことに彼らが同感だと思っているのが見ていてわかった。まるで何か秘密が明かされようとしているかのように、彼らの多くが身を乗り出して僕の言葉に耳を傾け始めたのだ。講演が進むにつれて、同意を示すようにうなずいたり、警戒するような表情だったのが微笑みさえ浮かべたりするようになった。心が通い合ってきたのがわかった。

お菓子を万引きしたことさえ一度もない車椅子に乗った小さな男と、大量の逮捕記録を重ねた屈強な男たち。そのあいだに本当の心のつながりが生まれるのなら、だれにだって心を通い合わせることはできるはずだ。

あなたにだってできる。

どうやってやるかって？　共通点を見つければいい。

人はだれでも、自分に好意を持ってくれる相手は好ましく思うものだ。自分とはまったく異なるように思える人生を送っている人とはつながりはないと感じる。外見、収入、年齢、人種、宗教、知性、学歴……これらはすべて他人との違いを感じる要素になりうる。だから、もしだれかと心を通わせたいと思ったら、まったく予想外のことでもいいから、とにかく共通のテーマを見つけよう。

ほんのささいなことだってかまわない。

「昨夜の試合、見ましたか？」

「もうほんとに、今日のガソリン価格、信じられます？」

「この天気、いったいどうなってるんでしょうねえ」
共通の話題が見つかったとたん、心は通い始める。

言い訳撃退作戦！　言い訳をやめるためのプラクティス

弱点は心をつなぐ接着剤

共通の話題を見つける最良の方法は、互いの弱さを分かち合うことだ。虚勢を張って「大丈夫だ」というふりを続けるよりも、大丈夫じゃないことを認めた瞬間のほうがずっと心が通い合うものなのだ。

自分が完璧で優れていると見せようとすることは、心のつながりを断ち切ってしまう。考えてみてほしい。自分の手柄や才能を何度も繰り返し自慢する人の話を聞いて、その人を身近に感じるようになったという経験があるだろうか。一度もないはずだ。人は短所や欠点で心が結びつく。信頼性と弱点が心をつなぐ接着剤になる。そんな接着剤を見つけてみよう。

〔1〕誰も気づいていないだろうけれど自分ではちょっと恥ずかしいなと思っている、そ

んな自分の弱点を10個リストアップして、ノートに書き出してみよう。意外性が高いほど良い。いくつか例を挙げてみる。

「私は会計士だが、簡単な計算も電卓を使わないとできない」

「私の仕事は栄養士だけど、時々スナック菓子が無性《むしょう》に食べたくなる」

「私は作家です、でも読書は好きじゃありません」

〔2〕リストアップした項目を適切な場面でいくつか披露《ひろう》してみよう——たとえばディナーパーティの席などで、ただし仕事の面接ではやめておこう。本当の自分の姿を見抜く洞察力は、心を通い合わせたい相手と分かち合うべき黄金の宝だ。演技ではない、等身大の自分を明らかにしてくれる。

〔3〕バラバラに孤立した人たちのグループに自分も加わることになった場合、全員の共通点を見つけるためにちょっと探りをいれてみることで、みんなをひとつにまとめることができる。自分の趣味のことや興味のある話題を話してみよう。すると驚くことに、グループはあっというまにリラックスしたムードになり、心の交流が生まれ始める。

言葉のやりとりから生まれる心の絆

うんざりするほど退屈な話を永遠にだらだらとしゃべり続けそうな相手と会話をしたことがあるだろうか。ちらちらと腕時計を見たりして、なんとか逃げ出せないかと必死だ。明らかに、このとき心は通い合っていない。反対に、心がしっかりと通い合っている瞬間ならば、楽しくて時間の経つのも忘れてしまう。

では、会話で心を通い合わせるにはどうすればよいのだろう。それには、ピンポンの試合をするといい。

なに？　ピンポン？

ピンポンはこんな感じだ。台の上でネットをはさんで球を打ち合う。ネットの向こうへ球を打っているのに、相手が一度も打ち返さなかったらどうなるか。あるいは、サーブ権を持っている人が球を持ったまま打とうとしなかったらどうなるか。きっとおかしなことになるだろう。そのおかしなことが会話で起こっている場合がとても多いのだ。球を独り占めしてずっと自分の話ばかりしているとか、まったく打ち返さず、話をしようとしないとか。

会話を通じて心を通わせる方法をマスターしたいのなら、ピンポンの試合のように言葉のやりとりをすることを心がけるとよい。僕は話をするのが好きなので、常に自分に問いかけながら気をつけるようにしている。「球を相手側に打ち込んでばかりで、話が一方的になっていないか」と。

そのときの判断で、自分の話ばかりしていたことをすぐに詫びるのだが、本当に必要なのは相手側に何が起こっているかを知るということだ。ごまかしはきかない。自分の人生について1時間ぶっとおしで話し続けたあと、最後に「ところで、君はどうなんだい？」と言ってもそれは無理だ。そこで相手の人生についてあれこれ質問しても、何も分かち合うことにはならない。

相手にあなたと心がつながっていると感じてもらうためには、あなたが何をしていて、これから何をしようとしているか、どんな気持ちでいるのかを知ってもらう必要がある。一方的に質問を連発して自分のことは隠して何も言わないでいると、相手は気にかけてくれているとは感じるかもしれないが、あなたに気持ちを注ごうとは思わないだろう。

会話のピンポンをマスターしたなら、次の段階へ進もう。会話の最初に、この前その人と会ったときに話した内容を思い出して相手に語りかけるテクニックだ。「このまえ話したときに新車を買うって言ってたけれど、どうなったの？」という具合。これによって、以前に話したことを覚えていて興味を持っている、それぐらいあなたのことを気にかけているよ、ということが相手に伝わる。

これは女性にはすごく受けが良い。残念ながら、ほとんどの男性はこういう会話がちゃんとできていない。3週間後に再会した相手から次のように言われたら、どれほど効き目があることか。

「こないだ話してたあのパーティ、結局どんなドレスを着て行ったの？」

「あれからカメラは見つかった？」

「それであのブラインド・デートはうまくいった？」

あなたが覚えていたことを相手が感動して喜んでいるとき、ピンポンの球はあなたの方へ打ち返されてきたことになる。そこから心のつながりは生まれるだろう。

心をつなぐチャンスはいつでもある

よく耳にするのがこんな言葉だ。「心のつながりを持てたらいいなと思う、**でも**……、もうとにかく忙しくて」

だれもが時間が足りないという考えの犠牲になっている。だが、時間こそ唯一共通のものので、与えられた時間はみんな同じなのだ。

「時間がない」という言い訳は、実は時間が問題なのではない。優先順位の問題なのだ。

心の交流をすることに高い優先順位がついていなければ、そのために時間を割《さ》こうとは決して思わないだろう。皮肉なことに、友人や家族、恋人、同僚たちとの心の交流を深めるために余計な時間を使わないという人は、結局のところ、心の傷を治したり、果てしない波乱に耐えたりといったことに膨大な時間を費やすことになるのだ。

一日ほんの数分間でいい、本当の心の交流をすることを目標にすると、好意的な反応が返ってきて驚くだろう。恋人とのデート、同僚とのランチ、昇給の面談、パーティの招待など、心のつながりとは〝与えること〟であり、与えられれば人は〝お返し〟をしたいと願うものだ。心を通わせない活動に費やす時間の余裕なんてあるのだろうか。

先日、空港で、友人同士のふたりの男性が話している会話が聞こえてきた。ひとりが、自分の会社で働いている女の子がすごく好きなのだが、彼女に告白する気はない、と言う。もう何年も気になっているのだけれど、デートに誘ったこともなく、個人的なレベルで心を通わせる努力をしたことがない。そんなある日、彼女が左手の薬指に大きなダイヤの指輪をはめて出社してきた。彼女にそれを見せられたとき、ちょっと嫌味な感じで「すごい指輪だねえ」と言ってしまった。そしてその場を離れたという。

彼の反応に相手の女性はすごく腹を立て、どうして彼がそんなに感じの悪い態度なのかを知ろうと、会社の同僚たちに尋ねて回った。同僚たちから「彼がずっと君に夢中だったのはわかりきっていたじゃないか」と言われ、彼女は驚いた。そして崩れるようにして席に座って泣き出した。「私もずっと彼のことが好きだったのに。でも彼は私のことなんて好きじゃないと思ってた。だって私に話しかけようともしなかったもの……けれどもう遅すぎるわ」。この話をしながら男性は泣き崩れた。そして友人が彼の肩を抱き寄せ、背中を優しく叩いた。

心の交流をする機会に遭遇したら、ぐずぐずしていてはいけない。チャンスが開けたと思ったら、すぐに手を伸ばしてその機を逃さず、心を通い合わせよう。「でも……」なんて言い訳は不要だ。人との心のふれあいを拒絶するということは、自分を危険にさらすということだと僕は思っている。先の話の男女のように、好機を逃すだけではなく、悲劇的結末を招くことになるのだ。

何かで読んだのだが、個人的レベルで患者と向き合おうとしない医者は、たとえ医学的な過失がない場合でも、医療過誤で訴えられる傾向にあるそうだ。患者は痛みが生じた、あるいは合併症が起こったその瞬間に、これはあの医者のせいにちがいない、自分のことを本気で心配してくれていないからだ、と考えるほうが簡単だし、もっともらしいと思うのだろう。

心のふれあいを楽しむ

人との心のふれあいは、苦心してするものではないし、深い意義が伴うわけでもないし、前もって準備する必要もない。長く持続する関係にしなければならないわけでもない。見知らぬ人と出会ったその場で心のふれあいをすることは、その日一日気分良く過ごせるし、最も重要なことを学べるチャンスでもある。楽しんでやってみよう。

〔1〕変な顔をしてみる

心のふれあいをしたいと思った相手とまず目を合わせ、それから変な顔をして相手を笑わせたら、自分の意図を伝えるように、にっこりと笑う。ただし、この方法は必ず適した状況において実行すること！　適切な時と場所で、適切な相手に対して行なえば、変な顔のおかげでその人の気分を明るくする。効果は絶大だ。それに自分もいい気分になれる。

〔2〕両手で握手をする

今度、初対面の人と会って握手をすることがあったら、相手の手を両手で包み込むようにしてみるといい。相手の目をしっかりと見て、笑顔でうなずきながら「お会いできてうれしいです」と言ってみよう。あなたの手のぬくもりで心が結ばれ、温かい心の交流が生まれるだろう。

〔3〕相手の好きなところを言うゲームをする

このゲームは、車に乗っているときや夕食のテーブルを囲んでいるときに、友人や家族や恋人とやってみることをおすすめしたい。全員が順番にお互いの好きなところを言い合うというゲームだ。これは幼稚園のときに担任の先生に教えてもらった。30分以上かかる子どもにとっては長いゲームだが、クラスみんなでやった。僕はすごく気に入ったので、大人になった今でも、デートのときとか、友人と電話でとか、家族で車での移動中にとか、月に何度かやっている。(注意！ 相手の我慢ならないところを言い合うゲームは禁止。その場にいる全員がひどく嫌な思いをするだけだ。経験上まちがいない！)

〔4〕質問ゲームをする

相手と心のふれあいがしたい、それと同時に相手のことを知りたいというときは、このゲームがおすすめだ。ルールは簡単。順番に相手に質問をしていくだけ。凝った内容の質問を考え出すほど、面白くなる。たとえば、「だれにも知られていないあなたの秘密は何ですか？」「この地球上で何かひとつだけ嫌なものを消せるとしたら、何を消しますか？」(注意！ 「正直に答えなければお仕置き！」といったゲームではない。楽しくやること)

以前、ある女性とこのゲームをしたとき、僕はこんな質問をした。「この世で何よりも大好きな、素朴な楽しみってなあに？」。彼女の答えは「アニマル・クラッカーよ」。次の再会で彼女が近づいてきたとき、僕が何をカリカリとかじっていたかは想像におまかせしよう。お金では買えない価値のある、心の絆《きずな》の結び手だった！

さて、ここまで読んで、心のふれあいのこととなると僕がいかに熱くなるか、おわかりいただけただろう。

心のふれあいというのは、無理に自分をパーフェクトな人間に見せることでは決してないし、礼儀正しい良い人であるというだけでもない。心を開いて本当の自分を見せ、人間ならだれでも持っている長所も短所も嫌な部分もすべてお互いにさらけ出すとき、心のふれあいが生まれるのだ。耳を傾ける、目を合わせる、共感するといった本物の感情のツールを活用して、なんとかして自分以外の人の世界に入っていくこと、そして自分も相手も実生活がより幸せに、より安心に、より満足のいくものになる、それが心のふれあいなのである。さらにおまけがある。周りの人との心のつながりが多ければ多いほど、たくさんの人があなたに手を差し伸べてくれるだろう。

次のレッスンでは、あなたがすでに持っている最も重要な（なのに見過ごされがちな）

心の絆——自分自身との心の絆をさらに強くするための方法を学ぶことにしよう。

ルネはどのようにして言い訳をやめたのか

「成功できたらいいなと思う、**でも**、生まれが貧しいから……」

ルネ・ゴドフロアと初めて会った日のことは鮮明に覚えている。彼はステージの上にいた。2000人の聴衆はみなプロの講演家たちで、彼らを前に自分のライフストーリーを語っていた。2000人の聴衆の前で話すのは大変なことだ。まして、2000人の講演家に向かって話すとなると、プレッシャーは別次元のものだろう。だが彼の話しぶりは優雅で落ち着いていて、言いたいことがきちんと伝わってくる。僕は畏敬《いけい》の念に打たれながら聴いていた。まるで直接話しかけられているような気がした。彼にとって英語は母国語ではないことを思うと、驚きを通り越して感服してしまった。

講演後、僕は彼に会いに行って自己紹介をした。すぐに意気投合した。衆人に対するときと同様、一対一のコミュニケーションにおいても彼は素晴らしかったが、実はそのコミュニケーション能力がかすんでしまうぐらいに素晴らしかったのが、心の交流をする彼の能力だった。彼が本当に僕のことを知りたいと心から思ってくれているのが感じ取れたし、僕の一言一言に実に注意深く耳を傾けてくれた。彼には好奇心も誠実さもあり、その二つの資質は心のふれあいを触発させるものだ。その日、ステージの上で、そしてステージを降りた後での彼のふるまいを見て、僕は確信した。この人は、どんな人とでも心を通い合わせることができる力を持っている、と。彼のライフストーリーがそのすべてを物語っていた。

ルネはハイチの小さな村で生まれた。水道も電気も医療機関もない、貧しい村だ。生後9カ月のとき、母親は彼を近所の人に預けて、首都ポルトープランスに向かった。息子を養っていくために、そして貧困から抜け出すために、もっと良い方法を見つけようとして。

母が家を出た直後、ルネはひどい病気にかかった。第三世界の国々で貧困と病気にあえぐ子どもたちの姿を映した情報コマーシャルを見たことがあるだろうか。あれは当時のルネの姿そのままだ。

食事は主にパンノキという植物で、でんぷん質が多く、じゃがいもに似た味がする。それを朝昼晩食べる。だが彼は消化器官が弱く、でんぷん質を完全に消化できないため、お腹がパンパンにふくらんでいた。

唯一の水源が飲用に処理されておらず、その水を飲むので、体内では寄生虫が増殖していた。寄生虫は彼の生命力を奪い取っていった。夜、激しい腹痛に苦しみ、真っ暗ななか、地面がむき出しの床をころげまわった。そばにいて助けてくれることのない母を呼び求めながら。

ルネの症状は重く、身体が弱っていたので、強い熱帯風が村を吹き抜けると、身体を飛ばされないように、大きな木のところへ走っていってつかまっていた。さらに追い討ちをかけるように、いつもいじめられたり、からかわれたりしていた。

そして、7歳になったとき、母はようやく彼を引き取る余裕ができた。ここで読者のみなさんは「よかった！　もう不幸な生活は終わりだね」と思うだろう。ところがそうではない。都会での母との生活は、これまでと同じくらいひどいものだった。母が住んでいたのは掘っ立て小屋の狭い地下室で、ネズミとゴキブリがうようよしていた。

夜、這い寄っている生き物たちを無視するようにして、床の上にぼろぼろの布を敷いて寝た。足の裏をかじられるので、ネズミは怖かった。そうしたさまざまな苦労をしながら、ルネは成長した。時折夢見ていたのが、アメリカへ行くことだった。「約束の国」と彼は呼んでいた。

18歳のある日、小さなベンチに座って、あるグループが演劇のリハーサルをしているのを眺めていた。彼は思った。「このグループで一緒に演劇ができたら楽しいだろうなあ」。でもそのとき別の考えが頭に浮かんだ。「**でも**やったこともないし、習ったこともないもんな」

そしてあるとき、不安ではあったが、自分の「でも……」の言い訳にはもう耳を貸さないと決めた。脇目も振らず、グループのリーダー格の男性のところへ歩いていき、自分も参加させてもらえないかと尋ねた。すると驚いたことに、答えはOKだった。でもこのエピソードは、僕にとっては驚きでも何でもなかった。僕にはわかる。そのときルネは、相手の男性の目を見ながら、自分の気持ちを心と言葉で的確に伝えたのだろう。相手の男性が断れるはずがない。

そして21歳のとき、ルネは劇団のメンバーとともにハイチを出てカナダのモントリオールに向かった。到着すると、現地の人たちにアメリカのことをいろいろ尋ねてみた。すぐそこの隣の国だと言われても、信じられなかった。

それからは、会う人ごとに、アメリカへ渡るための一番良い方法は何かと尋ねるようになった。ほとんどの人は、あきらめるようにと言った。いかにリスクが高くて危険であるかを説かれた。ほとんど不可能だと言う人も多かった。そんなとき、アメリカへの密航を手引きしている女性のことを耳にした。

「危険だよ。殺されるかもしれない」。情報を教えてくれた人にそう言われた。それでもルネはアメリカへ向かった。トレイラートラックの後輪のあいだに小さく身を縮めて隠れていた。振動と恐怖、そして煤《すす》と埃《ほこり》と砂煙《すなけむり》にまみれながら、ルネは祈った。「神様、無事にアメリカに渡らせてくれたら、僕は人生をかけて何か意義のあることをします」

そして彼はやってきた。1983年から84年はマイアミの道路で洗車をした。1984年から85年には床掃除をしていた。その後14年間、アトランタでドアマンの仕事をした。その間ずっと、会う人全員と言葉を交わすように心がけた。そうして少しずつ英語を身につけていった。駐車係の仕事をしていたとき、ピカピカの高級車の後部座席に自己啓発に関する本が置いてあるのに気づいた。好奇心がむくむくとわいてきた。「こんなにリッチな人でもこういう本を読んでいるんだから、自分も読まなくては。彼らはきっと自分の知らないことを知っているんだ」

彼はいろんな自己啓発書を買い求め、最初から最後までむさぼるように読んだ。読んだ本の著者たちのうち何人かは講演活動もしているということを知った。そんな仕事があるんだと驚いた。そして思った。「ここアメリカで、人々の気持ちを上向きにさせる講演家になりたい」

そのとき「**でも**」が現われた。「**でも**、英語があまりできないし、発音も訛《なま》ってるし」。そんな言い訳の壁にぶち当たったが、思い切って突き進んでみることにした。講演家になるために北部へ向かった。彼はその勇気と決断力、そしてたゆまぬ努力によって、ほんの数年のうちに講演家としてトップの地位に登りつめた。

現在、ルネは全米各地をめぐり、「永遠不変の現状などありえない」というテーマで自分の生い立ちを語っている。人道的活動を通して、子どもたちに食糧援助をしたり、絶望している人々を勇気づけたりしている。貧しい国々に暮らす将来の見えなかった若者たちにとって、トンネルの先に灯《とも》った明かりのような存在として活動しているのだ。彼が生まれた貧しい村に住む人たちは、彼は村の英雄だと言う。


ルネの話をするたびに、僕はいつも感動を新たにする。子どもの頃の過酷な貧困と病気の苦しみに、彼は完全に打ちのめされていてもおかしくなかった。もし今この瞬間に彼が粗末な小屋の地面がむき出しの床の上で、自分を哀れみながら、肩を震わせて身体を丸めて、死の瀬戸際に「**でも**、自分ではどうしようもなかった。俺の人生はこんなものだったんだ」と考えたとしても、誰も彼を責めたりはしないだろう。

「だけど彼はずっと幸運に恵まれてたんだね」と言う人もいるかもしれない。確かにそうだ。貧困にあえいでいる人がだれでもルネのように幸運をつかめるわけではない。だが、考えてみてほしい。ルネの幸運は突然降ってわいたわけではない。彼はチャンスを見逃さず、チャンスを与えてくれる人々と心を通わせ、ひとりひとりと心の絆を結んで成功の鎖を完成させたのだ。

もしルネがあの「**でも……**」の言い訳の上にとどまっていたなら――しかも言い訳にふさわしい条件は山のようにあったのだ――彼は自由と富と幸福を手にするチャンスをあっけなく見逃していただろう。たとえアメリカに来ることはできたとしても、ずっと低所得労働のまま一生を過ごすことになっていたかもしれない。

だがルネは成功した。それは、彼が成功までのすべての過程において、たとえどんな相手であろうと出会ったすべての人に対して心を開き、相手の本当の姿に触れて、心を通い合わせるというやり方を貫いたからだ。相手がその心のつながりを感じたときに、ごく自然に、彼を助けてやりたいと思ったのだ。

ここでもう一度、繰り返しておきたい。

本当の心のふれあいをするということ――人とだけでなく自分自身とも――が、言い訳を撃退するための第一歩なのである。

〔レッスン2〕★★

自分に対する言葉に注意する

一本の電話

オフィスに到着したとたん、電話が鳴った。

「ショーン、あなたは私のこと、ご存知ないでしょうが……」。電話の向こうで、おどおどしているような女性の声がした。

「ご用件をお伺いしましょうか」

「ええ……」。ためらいがちに話しだした。「先日、私が住んでいる町で講演をなさったときに拝聴しました。あなたがステージに登場して、なんて堂々としてるんだろうと思って、みんながあなたを尊敬の眼差しで見ていて、でも……あの……あなたが……」

「セクシーに見えたとか？」。僕はちょっとからかうように言った。

「いえまあ」。彼女は笑った。「私は、なんというか……ちょっと別のことを考えていました。というのは、あなたはとても小柄だし車椅子生活ですよね、でも実物よりもずっと大きく見えました。どういうわけなんでしょう？」

「僕の〝秘密の魔法〟を楽しんでいただけたようで、うれしいですよ」と僕は笑った。「でもいったいどうしてそんなことお知りになりたいのですか」

「ショーン、私には娘がいます……いま3年生で……」。彼女の声は途切れがちになってきた。「それで……毎日学校から泣いて帰ってきます」

「どうして？」

「珍しい先天的疾患があって、生まれつき指がくっついたまま成長して、手に……指のあいだに水かきみたいなのがあるんです、カエルみたいに。クラスメートたちから、化け物って呼ばれて……」。声が震え、いまにも泣きだしそうだった。「娘が自分に自信が持てるように、私に何かできることはないでしょうか」

気の毒だと思った。「娘さんと話せますか？」

「まあ、きっと喜びます。すぐ娘を呼んできます」

僕はドキドキして心臓が飛び出しそうだった。頭の中でひたすら自分に向かって言っていた――いったい何を考えてるんだ、大事な娘さんに何を言おうっていうんだ？　おいおい、人をやる気にさせるプロだって？　なんでこんなことになったんだ？

でも女の子のかわいい小さな声が電話の向こうから聞こえたとき、僕の不安や心配はすうっと溶けてなくなった。

「もしもし」。泣いていたのか鼻をグスグスさせている。

「やあ、こんにちは。元気かな」

「はい、元気です」。ささやくような小さな声。こんな声を聞いたら大男でも悲嘆に暮れてしまいそうだ。

「それはよかった。さてと、それで何かあったのかな？」

「あの……」。話す勇気をもらおうと母親の顔を見ているのが目に浮かぶ。「みんなが私のことを〝化け物〟って呼ぶの。私の手が変で、まるで、あの……カエルみたいだって」。最後は消え入るような声で悲しそうに言った。

この少女のデフォルメされた自己イメージを変えるために、手遅れにならないうちになんとかしなければならないと思った。

「とても大事な質問をさせてほしいんだけど。いいかな？」

「だいじょうぶです」

「君に会った人はみんな、君のことを覚えている？」

数秒置いてから、彼女は答えた。「ええ、みんな覚えています！」

「じゃあ君は化け物なんかじゃないね。君は変じゃなくて……印象的で覚えやすいんだよ！」

「私が？　覚えやすい？」。〝かわいらしい〟と発音するときと同じリズムで言った。

「そのとおりだよ、かわい子ちゃん」

「すごい！」。彼女は歓声を上げた。

それは彼女の中で小さなプリンセスが生まれた瞬間の声だった。そして叫ぶように言い続けた。「私は覚えやすい……覚えやすい子なんだね！」

すぐに母親が受話器を奪い取った。「私の娘にいったい何をなさったの？」。明らかに心配していた。

僕はどんな会話をしたのかを説明し、娘さんはきっと大丈夫だと母親を安心させた。そして、数週間後にもう一度電話で娘さんの様子を聞かせてくれるようにと言った。電話を切ったあと、僕はしばらくじっと考え込んでいた。

言葉の力

言葉には力がある。武器は身体を痛めつけるが、言葉で身体に害を与えることはないと教わった。でもそれはまちがいだ。修行を積んで自我から解放されたヨガの達人とかではないかぎり、人は言葉によって傷つく。

言葉はただ単に文字を並べただけのものではない。言葉は感情を包み込んでいるのだ。優しい言葉は人を素敵な気分にすることができる。人を傷つける言葉は害を及ぼす。想像してみるといい。毎日ずっと毒のある言葉ばかりを浴びていたら、いつか病気になってしまうだろう。

言葉には感情が含まれていることに気をつけるようにするだけで、変化が起こる。人は自分の言葉で生きているのだということがすぐにわかるだろう。

・ポジティブな人は、肯定的で気持ちが高揚するような言葉を使う。「**君ってすごいね**」
・ネガティブな人は、否定的で皮肉な言葉を使う。「**君にあの仕事は無理だよ。なぜやろうとするんだい?**」
・被害者意識のある人は、被害者的な言葉しか使わない。「**欲しいものなんて絶対手に入らないさ**」
・いつも病気がちの人は、自分の病気の話しかしない。「**あまり調子が良くなくてね**」
・卑屈なほどへりくだっている人は、感謝の表現ばかり口にする。「**今日来ていただけるなら まことに有難いのですが**」

良い言葉で人は良い気分になり、きつい怒りの言葉で嫌な気分になるというのは、偶然ではなく必然である。言葉の選び方と感情は、完全に相関関係にある。

言い訳撃退作戦！　言い訳をやめるためのプラクティス

言葉に注意をする

これから24時間、あなたの周りの人たちの言葉の選び方を注意深く観察してみよう。特に次の事柄を伝える場面で、どのような表現をしているだろうか。

・自分の感情について（例「**罠**《わな》**にはまって身動きがとれない気分だ**」）
・自分の健康について（例「**もう先が長くない気がする**」）
・日々の暮らしについて（例「**相変わらず毎日ひどいもんさ**」）
・周りの人々について（例「**うちの親父はバカで間抜けなんだ**」）
・自分の将来や過去について（例「**お先真っ暗だよ**」）

おそらくすぐに気づくだろう。とても幸せそうな人は幸せな言葉を使うし、いつも怒ってばかりいる人は怒りの言葉を使っている。たった一日観察しただけで、「人は言葉で生きている」という新鮮な発見があるはずだ。

言葉は変えられる

あの電話から数週間がたった。その間、僕は6つの州を旅して何千人もの人々の前で講演をしていたが、時折、あの少女はどうしているだろうかと考えていた。やがて、彼女の母親から再度電話がかかってきた。

「ああ、ショーン……ショーン……ショーン！　きっと信じてもらえないでしょうね！」

電話の向こうで興奮して息を切らしながら叫んでいる。

「落ち着いて、どうしたのか話してください」

「娘がもうなんだか自信に満ち溢れているんです！」

「それはよかった！　何があったんですか？」

「娘は堂々とした態度で学校に行きました。そして、自分のことをからかっていたクラスメート全員の前に進み出て、こう言ったんです。『私は化け物なんかじゃない……変なヤツでもないわ。私は覚えやすい子なの……みんなこれから先ずっと私のこと忘れられないと思うわよ……アハハ！』。ああ、ほんとになんてお礼を申し上げたらいいか。私のかわいい天使が、自然にのびのびとふるまえるようになりました」

「ああ、それはよかった！　元気になったようでとてもうれしいですよ。娘さんに伝えてください。僕は君のことが大好きだし、とても誇らしく思うって」

電話を切ったあと、にじんだ涙をぬぐった。いろんな理由で気持ちが高ぶってしまったのだが、その中でも最大の理由は、少女が僕に言葉の持つパワーというものをはっきりと見せてくれたからだ。「化け物」という言葉を「覚えやすい」という表現に置き換えただけで、あんなに大きな変化が生まれるとは。

本当に、たったひとつの言葉であれほど変わるのだ。自分がどんな人間かを描写する言葉をすべて言い換えたらどうなるか、想像してみてほしい。

言葉に癒《いや》されることがある、そして言葉に殺されることもある

言葉には破壊する力があるが、創造する力もある。それは、言葉が経験を定義するだけのものではないからだ。言葉が経験を「創《つく》り出す」ことは少なくない。

次のフレーズの続きを考えてみてほしい。「もし良い話じゃないのなら……」

正解は「言わないで」

この言い回し、誰かと話すときのフレーズだと思っている人が多いだろう。でも、自分自身に対してもあてはまるとしたら？　もし自分に向かって何か良い話をすれば、きっと良い気分になるし、元気づけられるし、前向きな気持ちになるだろう。自分に向かって否

定的だったり批判的だったり、気が滅入《めい》るような話をしたら、きっとひどく落ち込んでしまう。

心の中に聞こえている、あの小さな声についてはどうだろう。何のことか誰でも心当たりがあるはずだ。耳をすましてみてほしい。きっとあなたにも聞こえるだろう。「小さな声？ 声なんて聞こえない。ショーンっておかしなこと言う人だよね。ああ、食べ過ぎてお腹いっぱい。疲れた。あっちにいるあの娘は私のこと嫌いなんだ。あ、出かけるときストーブちゃんと消したかな？」

そう、その声だ。いつも話しかけてくる。昼間はあまり目立たないが、その声のせいで不安になったり悲しくなったりする。そして夜には夢の語り手となり、悪夢を引き起こしたり、心配のあまり眠れなくなることもある。

あの声を恐れる必要はない。ただし、自分でコントロールをする必要がある。2歳の子どもの声を考えてみるとよい。2歳の子がデザートをもっと食べたくて子ども用の椅子によじ登ろうとしているのを親が無視したままでいると、何が起こるだろうか。大人が少なくとも関心を払ってくれるまで、おそらく泣き叫ぶだろう。悲しいかな、これと同じことが、僕たち大人でも「**心の声**」として起こっているのだ。僕がこれまで見てきた限り、ほとんどの人が自分の心の声を無視している。それが大声になって乱れた行動を始めるようになるまで、ほったらかしにしている。

そんな心の嵐を回避するために、自分の感覚を麻痺《まひ》させて忘れようとし、逃げ込む先は、過食、テレビの見過ぎ、相手の人格を無視したセックス、アルコールの過剰摂取、ドラッグの使用……挙げたらきりがない。人によっては、心の声にひどく傷つけられ、自ら命を絶つことによってしかその声を止める方法はないと思い込む。

自分の親友になろう

僕はセラピストになって以来、自分との対話に魅了されている。たいていの人は、自分の声に意識的に耳を傾けることはほとんどない。それはなぜか。おそらく、自分のことや自分の行動に対して批判的になったり否定的になったりして、自分のせいで注意散漫になってしまっているからだ。そこへ、心の声が悪意に満ちた中傷をしてくる。

それが真実なのだ。自分に向かって言っているようなことを友人に向かって言っていたら、おそらく友人は一人もいなくなるだろう。人は他人に対してよりも自分に対して一層厳しく——それに意地悪に——なる。そのことはこれまでのセラピストとしての経験で確信している。

他人が自分のことを何と言っているか、どう思っているかなどと気にするのは馬鹿げている。他人に何と言われようと、それは本当はあなたのことを言っているのではなく、その人自身のことを言っているのだ。つまり、あなたについて言ったり思ったりしていることは、その人が自分自身に対して思っていることがそのまま反映されているものなのだ。気にすることはない。注意散漫にならないように気持ちを集中させたいのなら、自分をもっと大切にすることに努めよう。

言葉が自尊心に与える影響

女性との交際について悩んでいるある男性のクライアントに対面すると、自分自身に向かってどんなことを言っているかを尋ねる。

よくある答えは次のようなものだ。

「女性への接し方はうまくやってると思う、**でも**、僕はハンサムではないし」

「もっといろんな女性をデートに誘いたい、**でも**、自信がなくて」

「彼女に電話番号を教えてもらえたらいいなと思う、**でも**、僕なんて相手にされないかもしれない」

実のところ、心の中で暗いサウンドトラックを何度も繰り返しながら、自分を甘やかしているのだ。クライアントからこうしたネガティブな言葉を聞くたびに、「頭の中で鳴り続けている陰気なノイズのスイッチを消しなさい」と僕は言う。するとたいていはこんな返事が返ってくる。「いや、でも、否定的なことを言う声を止めるのは無理です」

僕の返事はいつも同じだ。「今止めないと、ますますひどくなりますよ」

世界中の男性たちが、特に女性との交際に関して、心の中で自分を傷つけているのを見ても、悲しいことだが僕はもう驚きはしない。僕が発行している男性向けオンライン・マガジンは、自信と誇りにあふれた、成功した本物の男になれるように、その手助けをするための教育的フォーラムになっている。僕が「心の会話機能不全」と呼んでいる悩みを抱えた男性たちから毎日メールが届く。

ある青年は、いきなり最初から自分を「負け組の中でもトップレベル」だと決めつけていた。彼が言うには、自分は容姿も悪くないし、世間からは負け組だと思われていないのだが、自分は「ダメだ」と思っているので人間関係においていつも気後れしてしまう。この青年は、自分の気持ちが孤立して、ネガティブな心の会話に引きこもってしまっていることに自分で気づいていない。

僕は彼に、心の声の方向転換をする必要があることを説明した。彼は自分の欠点を22個も――両親と同居していること、借金があること、失業中であることなど――リストアップしていたが、そのどれよりも彼に害を及ぼしているのは、自分の人生はほとんどずっと「負け組」だったとレッテルを貼ってしまっていることなのだ。これほどひどい言葉があるだろうか。毎日、自分は負け組だと言い続けていると、好きになった相手も直感的にそれを感じ取り、そんな人と付き合おうとは思わなくなる。それほど単純（かつ残酷）なことなのだ。

ハンマーvs.ドアマット

数年前、大学生を対象にしたリーダーシップ向上のためのワークショップで講演をしたときのこと。男女それぞれの学生社交クラブのメンバーたちが大勢出席していた。僕の講演が終わると、みんなぞろぞろと会場から退室したが、仲間からはぐれた数人が残っていた。ステージに腰掛けながら、さっき僕が講義の中で話した内容について、さらに掘り下げて話していた。

数分後、ある若い女性が口を開いた。

「私、ドアマットでいるのに疲れました」

「ドアマットって、どういう意味なのかな？」

じっと黙ったままだ。鼻が赤くなってきて、上唇が震え始め、まばたきを繰り返すと、やがて涙が頬を伝い始めた。ひっくひっくとしゃくりあげながら彼女は言った。「ドアマットは、みんながその上を踏んでいくんです」。息をついでさらに続けた。「みんなが使ったあと、取り残されていくんです」。そう言うと泣きじゃくった。「みんな私の上に泥を残していくんです」

もはや比喩的な話ではなく、彼女の個人的な状況の話になっていた。彼女が自分に向かってひどいことを言っているのは明らかだった。彼女の心の声は批判的で否定的だった。そのうえ、自分が心の声による拷問から抜け出せなくなっていることに気づいていないのだ。

そこで僕は彼女に尋ねた。「ドアマットの反対語は何だと思う?」

しばらく考えて彼女は答えた。「ハンマー、かな」

「なるほど。どうしてハンマーなの?」

「ハンマーは誰にも乱暴されない。強いし、壊されない、でしょ?」

「そうだね。他に大事なことは?」

「ええと、ハンマーは丈夫で、建物を造り出す……あっ!」。そう言って話をやめると、天井を見上げて微笑んだ。

そのあと話していて分かったことだが、彼女はそれまで何年間も自分をドアマットと呼んでいたそうだ。この言葉を自分のアイデンティティとして取り入れていて、そのために、人間関係において自分はドアマットの役割なんだと思い込むようになっていった。だが、今、彼女はハンマーという新しい言葉を得た。彼女の人生が良い方向へ変わり始めた瞬間を、僕は目の前で見ることができたのだ。

あなたも自分に向かって言う言葉は慎重に選んでほしい。その言葉が現実を創造するのだから。

言い訳撃退作戦！ 言い訳をやめるためのプラクティス

自分の言葉に聞き耳を立てよう

良くないことだと分かっていても、他人の会話が耳に入ると聞かずにはいられないものだ。誰でも心当たりがあるだろう。レストランで後ろのテーブルにいるカップルが別れ話をしているのが聞こえてきたら、思わず耳をそばだててしまう。聞き耳を立てるのは確かに失礼かもしれないし、場合によっては罪の意識を感じることもある。このスキルを生かそうじゃないか。自分との対話を盗み聞きしてみよう。

〔1〕一日、自分に向かって言っていることを意識してみる。そして、その日の終わりに**「言い訳撃退ノート」**に書き留めておこう。自分の言ったことに変更や批判を加えてはいけない。ただひたすら、科学者のように観察したままを記録すること。

〔2〕翌日、書いた内容を見直して自問してみよう。自分の親友や上司、子ども、師と仰ぐ相談相手に対して、こんなことを言うだろうか？　こんなことを自分に対して言っていると誰かに知られたら、恥ずかしいだろうか？　この自分に対する言葉によって、自分は元気づけられるだろうか、それとも落ち込むだろうか？

〔3〕自分に対して言ってやりたいと思うことを10個リストアップして、書き留めておこう。

この方法で、何度でも好きなだけ繰り返しやってみよう。自分の行為に気づいたら、人生と自分自身に対する全体的な感情は否応なく変化するだろう。

大事なポイントは、気づかなければ変えることはできないということ。だからこそ、頭の中でいつも語りかけてくる小さな声に意識的に耳を傾けることが重要となる。

この**「聞き耳実験」**をやってみて驚かない人はまずいない。自分はポジティブで楽天的な性格だと思っていた人でさえ、心の中の対話はまったく逆だったと気づく場合がよくある。あのしつこく語りかけてくる心の声を意識するようになると、自分に向かって悪意のあることを言ったり、自分のことを否定的に表現したりしている言葉があまりに頻繁に出てくるのに気づいて、びっくりすることだろう。

ずっと聞き耳を立てているように心がけよう。そしてさらに、ネガティブな表現から元気づけられる表現へと反射的に置き換える練習を開始しよう。

言い訳撃退作戦！　言い訳をやめるためのプラクティス

ネガティブなつぶやきを元気になる声に置き換える

これには多少の練習が必要だ。僕が自分との対話でネガティブな声が頭から離れなくなったときに実践している方法を紹介しよう。

〔1〕できるだけゆっくりと3回深呼吸をする。このとき、鼻から肺に入ってくる空気はきれいな色で、口から吐き出す空気は一段と明るくきれいな色になっている、と想像してみよう。ニューエイジの人たちのやり方にちょっと似ているかもしれないが、まあとにか

くやってみてほしい。

〔2〕気持ちを上向きにしてくれる言葉や、元気づけられるフレーズ、自分が伸び伸びとしていてこの地球で一番愛されている人間だと感じさせてくれる表現などのなかから何かひとつを選ぶ。僕の場合は「僕は無限大だ！」というフレーズだ。

〔3〕選んだ言葉に関連するイメージ画像を、実際に目の前にあるかのように思い描く。心の中のスクリーンに、実物よりも大きく色鮮やかに描き出そう。

〔4〕この練習を開始する前に比べると、もうすでに気分が良くなっているはずだ。この方法によって、自分自身と率直に対話ができる。自分が聞きたいこと、自分の家族や友人、同僚、恋人に言われたい言葉など、元気づけられることならなんでもすべて自分に語りかけよう（前のプラクティスでリストアップした10個のフレーズから選んでもよい）。これは単に自己肯定というものではない。今後、自分を支えてくれる最大の武器となるだろう。

言い訳を生む3つの恐怖

ネガティブな自分との対話は、次の3つの言語パターンを基軸として展開されている場合がほとんどである。僕はこれを「**言い訳を生む3つの恐怖**」と呼んでいる。

〔1〕不安による言い訳
〔2〕弁解による言い訳
〔3〕自信のなさによる言い訳

この3つのパターンの言い訳は、どんな人でも絶望的な気分にさせて窮地に陥らせる力がある。どのように対処すればよいのか、ひとつずつ詳しく見ていこう。

「不安による言い訳」は時間の無駄にすぎない

新しい状況に置かれたときや結果に確信が持てないとき、おじけづいてしまうのも無理はないと思ったことがあるだろうか。心臓の鼓動が速くなり、胃がひっくり返るようで、普段と違う汗をかき始める。ネガティブなセルフトーク（自分との対話）が始まったときにもそんなふうになる。

「**でも**、もし失敗したらどうしよう」
「**でも**、もし格好悪かったらどうしよう」

「**でも**、もしみんなをがっかりさせたらどうしよう」

このような「**でも**、もし……したらどうしよう」というフレーズは、単純に、これから対応しようとする仕事や作業への不安感を示している。心の中のほんの片隅でも不安感に居座られてはいけない。不法占拠されて、やがて立派な建物が暗くて危険な掘っ立て小屋に変わってしまうだろう。セルフトークの中に不安感があちこち出てくるようなら、見つけ次第すぐに仕留めてしまおう。

次の頭文字の言い回しは、よく使われるので言い古された感じもするが、真実を言い当てているからこそ決まり文句になっているのだろう。だからもう一度言っておく。

「不安（ＦＥＡＲ《フィアー》）とは、False Experiences Appearing Real（現実のように見える架空の経験）である」

まさにその通り。考えてみてほしい。あなたはこれまでの人生で不安に思っていたことが現実になったという経験は何度あるだろうか。あったとしてもあまり多くないのではないだろうか。「**でも**、もし……したらどうしよう」と気を揉むのは、時間とエネルギーと感情の無駄遣いそのものなのだ！

そこで、気を揉む代わりに次のように自問してみよう。

「自分の不安が見当はずれだったらどうなるだろう」
「この不安が的中すると誰が言っているのか」
「最悪の場合ではなく、最善のシナリオが実現したらどうなるだろう」

不安は人の活動を阻害する。不安のせいで行動に支障が出ているというある若い女性がセラピーを受けに来たことがある。車を運転するのも、スイミングに行くのも、公共施設のトイレやエレベーターを使うこともできなくなっていた。頭の中で最悪の場合のシナリオばかりが思い浮かんでしまい、それがそのまま心の声となって、毎日のようにパニック発作を起こしていた。

この女性は、何か悪いことが起こるのではないかといつも気にしている心配性の母親に育てられた。母親のまったく根拠のない単なる不安感によって、家族の計画がすべてキャンセルになることがたびたびあったという。

セッションを進めるうちに、彼女が母親を心から愛しているのがわかった。心の中をさらに深く観察してみると、彼女は自分が母親の妄想を共有して体験していないのではないか、母親がおかしいかのようなふるまいをしてはいないだろうか、ということを不安に思っているのだった。だったら、母親と同じパターンの不安を表わすようにすれば、自分も母親と同じように感じられるかもしれない。そのため彼女は、不安感なしではどこへも行けないという狭い現実の中で生きていた。

そこで、彼女の「**でも**、もし……したらどうしよう」という不安感に少し手を加えてみたところ、彼女の現実が変わってきたのだ。僕が説明したやり方は、不安な考えが浮かんできたら、必ずいったん考えるのをやめて、次の4つの質問を自分に問いかける、という方法だ。

〔1〕「不安が現実になったら、何が起こるのか」
〔2〕「不安が現実になったら、何が起こらないのか」
〔3〕「現実にならなかったら、何が起こるのか」
〔4〕「現実にならなかったら、何が起こらないのか」

まるで魔法のようだった！　この神経言語学的パターンの反復によって、不安感が混乱してしまう。自分の心に指示を出し、最悪の場合のシナリオばかりをあれこれ思い悩むのはやめて、別の結果に目を向けるように集中すると、気が紛《まぎ》れるのだ。そして4つ目の質問を脳が処理する頃には、しがみついていた不安感を手放すしかなくなっている。

僕は自分がロマンチックなデートのシナリオに不安で仕方ないときには、毎回この方法を使っている。街角のカフェとか書店とかで気になる女性を見かけると、僕の頭の中には「でも、もし……したらどうしよう」という不安が生じるのだが、すぐにさえぎって不安感を紛らわせるようにする。そうしてようやく、リラックスして、ありのままの自分になれるのだ。

人は格好悪いところを見せることを恐れるあまり、誰も見てなんかいないということを忘れてしまっている。あなたと同様、他の人たちもみんな自分のことしか見ていないのだ。

ズバリ、結論を言おう。「でも、もし……したらどうしよう」という不安からくる言い訳は完全に時間の無駄である。あなたが恐れているものは、十中八九、それほど危険でも命を脅かすものでもない。それにおそらく、現実的でさえないはずだ。

「弁解による言い訳」は本当の感情を覆い隠しているだけ

弁解による言い訳は、気をつけないとセルフトークにひっきりなしに忍び込んでくる。これは、架空の不足状況に基づくもので、やらなければならないことができないという思い込みにつながっていく。

弁解による言い訳は、必ず事実として述べられ、確かに事実だと思い込んでいたりする。しかし真相は、自分の行動力不足や不参加を正当化するための単なる言い訳にすぎない。

「**でも**、時間がないんです！」
「**でも**、お金がないんです！」
「**でも**、気力がないんです！」

なぜみんな弁解の言い訳がこんなに好きなんだろう？　なぜなら、弁解の言い訳が、やりたくないことから逃れさせてくれるからだ。最初のうちは、弁解の言い訳の上にあぐらをかいていれば、本当に気が楽だろう。誰にも文句は言われない。しかしやがて、誰にも相手にされなくなる。

例を挙げてみよう。友人からすでに何度も誘われている。「今週、一緒にジムに行かない？」

「ぜひ行きたいな」と愛想よく答えて、さらにこんなふうに言う。「**でも**、フィットネスクラブの会費を払う余裕がなくて」

これでまた、「回避ゲーム」の勝利記録達成だって？

そうではない！

弁解の言い訳は必ずあなたに付きまとうようになる。ジムへ行くことを回避したことで、ただぼうっとテレビのチャンネルをあちこち替えながら過ごす時間が増え、健康が害される。体型も損なわれ、ますます太っていく。それでも、優良な遺伝子を持ってさえいれば、それでもうじゅうぶん健康だと声高に叫ぶのだ。

耳の痛い話だということはわかっている。だが敢えて言いたい。誰よりも僕自身が弁解の言い訳については心当たりがあるのだ。完璧を目指す必要はない――人はみな弁解を考え出すことに長《た》けている。目指すべき目標は、自分が弁解の言い訳にしがみついて行動を起こさずにいるという状況を認識することだ。

大事な秘密をお教えしよう。弁解そのものが何もしないことの本当の理由であることは決してない。単に自分が直面したくないものを隠すためのカモフラージュに過ぎないのだ。本人は知りたくないのかもしれないが、本当は別の理由がある。目の前の現実に関わること――ジムへ行くとか、復学するとか、新しい仕事を見つけるなど――で何もしたくないのには、弁解していること以外の理由があるはずだ。弁解の言い訳が本当の感情を覆い隠してしまっている。たとえば次のような具合だ。

「トレーニングは嫌い。ジムに行くと自分が太っているのがわかるから」
「学校には戻りたくない。すごく大変だし、自分が耐えられるとは思わないから」
「デートなんて興味はない。ふられるのはイヤだから」

本当の感情は、なかなか表には現われないし、本人が恥ずかしいと思っている場合も多い。とにかく自分に構わないでほしくて、弁解の言い訳をして隠れてしまう。そうして実生活で孤立してしまうのだ。

「オーケー、わかったよ！　じゃあどうやったら弁解の言い訳をやめられるの？」そんな声が聞こえてきそうだ。僕のやり方をお教えしよう。

〔1〕自分に100パーセント正直に向き合う。たとえこの瞬間、居心地の悪い思いをするとしても、自分が聞きたくないこと、見たくないこと、感じたくないことを明らかにする。

〔2〕最近の行動に照らし合わせて将来の自分を予想してみる。今変えなかったらこの先何が起こるだろうか？　来週には？　来月には？　来年には？　10年以内には？　答えは決して心温まるものではないが、必ずやる気を引き出してくれる！

自分に正直に向き合って、自分の行動を変えてみよう。

「自信のなさによる言い訳」は挫折感を引き寄せる

自信のなさから生じる言い訳は、自尊心を直撃する。自信のなさからくる不安感はひっそりと潜伏していて、攻撃のチャンスを待ち構えている。そして、あなたが自分は実にうまくやっていると思ったそのとき、ひょっこり顔を出してあなたを引きずり降ろすのだ。

「でも、私はあまり魅力なんてないから」
「でも、私はあまり格好良くないから」
「でも、私にはあまり才能がないから」

自分が「あまり十分ではない」とか、どこか不備や欠点があるとか、そんな嘘を自分に吹き込んでいると、希望や夢をすべて避けて通ってしまうようになる。この種のセルフトークによって、行動を起こす前からすでに挫折感を抱くようになり、鏡に映ったままの等身大の自分の姿と正面から向き合うことができなくなってしまう。

そうなると友人たちの助けも効果はない。

かつて僕はある女の子に失恋をした。別れた理由は、彼女が自信のなさによる言い訳に飲み込まれてしまったからだ。まるで流砂の上を歩いているような感じだった。ネガティブなセルフトークの渦から彼女を救い出そうと試みたけれど、どうにもならなくて、彼女はみずから心の中の闇にずぶずぶと沈んでいった。

この経験が僕には良い教訓になった。言い訳に関してとても興味深いことを教えられた。それは、言い訳を撃退できるのは本人だけだ、ということ。助けようとロープを投げることはできるが、相手がロープをつかんで自分の体重に耐えながら握り続けることを拒否したなら、助けることはできない。結局は、その人の選択なのだ。残念なことに、僕がその女の子から離れずにいればいるほど、彼女は僕も道連れにして沈んでいこうとした。

自信のなさはどこから来るのだろう。どのように生み出され、どうすれば退治できるのだろう。こうした質問に答えるためには、まずその思い込みがどのような影響をもたらすかを理解しておく必要がある。

思い込みがもたらす影響

「考え」と「思い込み」には違う点がひとつだけある。考えは、その人にあまり大きな影響を及ぼさないが、思い込みはその人をまるごとコントロールしてしまう。思い込みとは、自分に本当だと納得させた考えのことなのだ。

言い換えると、思い込みとは、あなた自身が現実にしてしまった考えに過ぎない。

専門家の研究によると、人は一日に40万以上の思考をするそうだ（それを逐一数えた人がいると思うと気の毒になる）。その大部分は取るに足りないような考えなのだが、なかにはいくつか影響力の強いものもある。それは「真実である」と判断した考えであり、それが思い込みになっていく。

思い込みが行なう仕事はただひとつ、それは自分の存在を証明する証拠を集めること。人は「これは真実だ」と心の中でいったん判断すると、心はまわりの世界に出かけていって、証拠を見つけて裏付けをする――その思い込みの存在を証明するために、たとえ集めた証拠を消去したり歪曲《わいきょく》したり一般論化したり、あるいは捏造《ねつぞう》さえしたりしなければならないとしても。

史上最大の嘘

「見るまでは信じるな」というフレーズを聞いたことがあるだろう。ここでちょっと悪いお知らせがある。あなたはずっとだまされてきたのだ。見たからといって、信じられるものではない。では逆はどうだろう。「信じていれば見えてくる」。何かを心から信じていると、人間の脳は五感を変化させて、それが真実で現実であるかのように体感できるようにするのである。

実例を紹介しよう。僕が講演でもセラピーでも体験したものだ。すぐにでもモデルになれそうな美しい女性たちと出会うのだが、彼女たちは自分が醜いと感じていた。どうしてそんなことになるんだろう。鏡をちゃんと見ていないのだろうか。

ここであのフレーズを思い出してほしい。「信じていれば見えてくる」もうおわかりだろう。自分は魅力がないと信じていると、覚醒中フルタイムで働き続ける我々の脳は、自分の外見に対して相手が心から褒めてくれた言葉なのにもかかわらず、意識の中に入ってくると、情報を歪曲したり消去したりするのだ。こうして褒め言葉には耳を貸さなかったり、下心《したごころ》のあるお世辞だと即座に却下したりする。

思い込みはどのように心に根付くのか

思い込みがどのような効果をもたらすか、視覚的な例で説明しよう。
どんぐりを想像してみてほしい。具体的に思い描けるだろうか。
考えとはそのどんぐりのようなものだ。小さくて硬い物体で、どんぐりそのものは別にどうということはない。缶の中に入れておいても、芽は出ない。だが土に埋めて適度な日光と栄養と水を与えたら、根が出て、やがて大きな木に育つ。同様に、考えが思い込みになるためには、それが現実だと証明する証拠が与えられなければならない。証拠が与えられるたびに、根が育ち、土台が頑丈になっていく。やがて、その考えは――正しかろうと間違いであろうと――あなたの心にしっかりと根付いて、日を追うごとにますます丈夫に育っていく。

本来、思い込みは、良くも悪くもない。その人が現実であってほしいと望むことに都合の良い「おつかい」をするような存在だ。たとえば、自分が美しいという思い込みに頼んで、それを裏付けるような証拠を集めに行かせたら、自分は美しいと納得させてくれる証拠のかけらをかき集めてくるだろう。それは大きな自信になる。残念なことに、自分は魅力がないという逆の思い込みも同じ働きをする。

あなたがどのような思い込みをするか、そしてその思い込みを裏付けようとどんなセルフトークをするかによって、あなたの心の状態が決まる。自分が醜いとか頭が悪いとか、お金持ちに生まれなかったとか、欠陥があるとかいったネガティブな要素を証明することに時間を費やしていたら、その人の心は抑鬱《よくうつ》と怒りで覆われていき、自分に対する否定的なセルフトークによって精神状態はさらにひどくなる。

こうして引き起こされた心の痛みに立ち向かうために、多くの人がつかのまの喜び――食べ物、アルコール、ドラッグなど――に救いを求めるのだ。だが、こうした喜びはどれひとつとして、持続的な満足を与えてくれはしない。持続的な喜びや満足は、成長と貢献からしか生まれてこないのだ。自分を向上させる努力をし、人々や地球のために自分の資産（時間とお金とエネルギー）を提供するとき、ようやく持続する喜びと満足を心から味わえる。

言い訳撃退作戦！　言い訳をやめるためのプラクティス

自分の思い込み一覧表を作成する

思い込みというのは非常に影響力が強く、日常の習慣から長期的目標にいたるまで、あらゆることを決定する。だからこそ、今すぐに自分の思い込みを見つけて明らかにしよう。自分自身のこと、自分の身体のこと、仕事のこと、人間関係のこと、将来のことなど、どんな思い込みをしているだろうか。「**言い訳撃退ノート**」に、次の書き出しで始まる文を完成させて、書いてみよう。できるだけ具体的に、どんなことでも構わないので思いついたことを自由に書いてほしい。

・男性は（　　　　　　　　　　　　　　　　　）。
・女性は（　　　　　　　　　　　　　　　　　）。
・私の身体は（　　　　　　　　　　　　　　　）。
・私の仕事は（　　　　　　　　　　　　　　　）。
・私の将来の展望は（　　　　　　　　　　　　）。
・私のパートナーは（　　　　　　　　　　　　）。
・私の得意なことは（　　　　　　　　　　　　）。
・私の苦手なことは（　　　　　　　　　　　　）。
・私は人から（　　　　　　　　　　　　　　　）だと思われている。
・私はプレッシャーがかかると、（　　　　　　）。
・世界は（　　　　　　　　　　　　　　　　　）。
・私が大好きなタイプの人は（　　　　　　　　）。
・私が大嫌いなタイプの人は（　　　　　　　　）。
・私の心は（　　　　　　　　　　　　　　　　）。
・結婚とは（　　　　　　　　　　　　　　　　）。

・愛情とは（　　　　　　　　　　　　　　）。
・体を動かすことは（　　　　　　　　　　　）。
・仕事とは（　　　　　　　　　　　　　　）。
・人生とは（　　　　　　　　　　　　　　）。

楽しんでいただけただろうか。自分の心と頭の中にあるものを書き出すと、ときにはハッとするような驚きがある。この課題に初めて取り組んだとき、僕は自分の思い込みを発見してショックを受けた。幸いなことに、思い込みは変えることができる！

自分がわかっていないことは変えられないし、知ろうとしなければ変えられない。だからこそ、この課題が役に立つ。時々こうして自分の思い込みをチェックするだけで、思い込みを捨てることができる。この一覧表で発見した自分の思い込みの中で、これは気に入らないというものを見つけたなら、ではどう変えたいのかを書くとよい。新しい考えを具体的に書いたそのときから、それはあなたの心に根付いていく。そして、その新しい思い込みを裏付けるような証拠を自分の生活のなかから見つけていくことができる。

自分に語りかける言葉を慎重に選ぶことの大切さが、そろそろわかりかけてきたのではないだろうか。自分との対話こそが、あなたの人生の道を教えてくれる地図を創《つく》り出すのだ。そこで質問。どのような道順で進むか、計画は立てているだろうか？

人生において自分を「見つける」ことが必要だと思われがちだが、そうではない。世界中を探して自分自身を見つける必要はない。**すべての瞬間に人は自分を創造していて、常日頃から自分に対して言っている言葉によって、自分を創造し続けているのだ。**

自分こそが地球で一番の人間だというように自分自身を扱うのは無理だと人は考える。自分に優しく語りかけることとは別だと思えるのだろうか。でもぜひ試してみるとよい。試してみれば、あなたの人生が目を見張るような素晴らしいものになること請け合いだ。どうして知っているのかって？　僕は何年か前に、常に自分に対して愛情と尊敬を持って話しかける、と誓いを立て、そして今ではこうして幸せで心穏やかな人間になっているからだ。僕はきっとあなたがこれまでに会った誰よりも幸せで心穏やかに生きていると思う。僕を見ればわかるだろう。自分を尊重したセルフトークと自信にあふれた態度（これについては次のレッスンでとりあげる）とが組み合わさると、思ってもみなかったほどに、まわりの人々から愛され尊敬される人になっていく。

まさしくそのとおりなのだ。重要なのは、心の中で自分についてどう思っているかというだけではない。あなたの自信が外見やふるまいにも表われてくる。そして、自信があると態度で示すだけで――心の中ではどんなふうに感じていようと――説得力が生まれる。人を納得させるだけではない。最も大事な人物である自分自身を納得させることができるようになるのだ。

ボビーはどのようにして言い訳をやめたのか

「自分の人生をなんとか前へ進めたい、**でも**妻が飲酒運転のドライバーに殺されたんだ」

自分の経験を理解するために使う言葉は奥が深い。まさにその言葉によって、あなたが言い訳を撃退できるかどうかが決まる。おそらくこのことを誰よりもよく理解しているのは、僕の友人のボビーだ。彼は何に関しても誰に関しても、意地悪な言葉を使わない人間だ。一緒に外出すると、いつも彼は満面の笑顔で陽気な話をし、感謝の気持ちがあふれている。彼の近くにいると、僕も感謝の気持ちを感じずにはいられない。それだけなら別にたいした話ではないかもしれない――まわりの人を良い気分にさせるナイスガイは珍しくない。でも何年か前、僕と彼が知り合うずっと前に、彼の人生に起こった出来事を知ったら、深い感銘を受けるにちがいない。

1985年、ボビー・ペトロチェッリは自分の人生は申し分ないと思っていた。スポーツの盛んなテキサス高校で体育教師という素晴らしい仕事をしていたし、結婚して2年半になる美しい妻エヴァがいて、人生を謳歌《おうか》していた。ある夜、10時半頃に帰宅して、大好物のリガトーニを山盛りたいらげた。彼とエヴァはいつもと同じようにソファでくつろぎ、今日一日の出来事やもうすぐ来る感謝祭やクリスマスの休暇のことなどを和やかに話していた。そして、これ以上の幸せはないと感じながら眠りについた。

次にボビーが気づいたとき、目の前にはピックアップ・トラックのヘッドライトの光があった。トラックから降りてきた男が尋ねた。「この家の中に他に誰かいますか?」

ボビーはあたりを見回した。彼のベッドはどこかへ消えていた。エヴァも消えていた。タールとゴムの焼ける臭いが寝室に充満していた。

そのピックアップ・トラックのドライバーは、その夜、酒を飲んで運転をしていた。実際、血中アルコール値は0・19で、法定制限値のおよそ2倍だった。時速110キロを超えるスピードで、草地を100メートル近く突っ切り(フットボール競技場の長さ以上だ)、ボビーの家のレンガ塀を直撃した。トラックは家のコンクリート製の土台にぶつかって一瞬宙に浮いたあと、就寝中のボビーとエヴァの上に着地した。トラックはボビーの身体の上を走り抜けたあと、頭のすぐ上で止まった。タイヤがまだ回っていて、熱いゴムが彼の脚や背中や腹部に火傷《やけど》を負わせた。そのままトラックは進み続け、ボビーをボンネットにはね上げたまま寝室から運び出し、家の中を2メートル以上突っ切って居間へと移動した。ボビーは居間の窓に顔から突っ込み、ガラスが粉々になった。

ボビーがボンネットに乗っけられていた間、妻のエヴァはシーツとマットレスでぐるぐる巻きにされて、トラックの下にいた。トラックが家の中をバリバリと壊しながら進んでいったとき、エヴァを引きずったままだった。ボビーがのちに知らされたところによると、トラックが彼女を轢《ひ》いたとき、その衝撃で肺の中の空気が一気に押し出された状態になったらしい。そこへ、シーツとマットレスが顔と身体にきつく巻きついたため、呼吸ができなかった。彼女の死因は窒息死だった。瓦礫《がれき》の下から彼女の身体を掘り出すのに30分かかったという。発見されたとき、彼女はかすり傷ひとつなく、骨折もなかった。

事故の発生から終わりまでは、時間にして10秒ほどだ。わずか10秒で、ボビーが思い描いていたエヴァとの幸せな結婚生活や未来への夢や希望は、すべて消えてしまった。10秒間で人生が永久に変わってしまうことがあるのだ。

ボビーにとって、その後の数カ月間は非常につらいものだった。シャツを脱ぐたびに、自分の上をトラックが通った傷跡が目に入る。正気を保つために誰もがそうなるだろうという状態になった——拒絶とショック状態だ。ボビーはあの悲劇が起きたという事実を受け入れることを拒否し、呆然として何も感じなくなっていた。しかし、徐々にショックは収まっていき、激しい痛みを感じるようになった。しばらくは毛布にくるまるように痛みに身をまかせていた。それを正当化するように自分に向かってこう言っていた。「いつか痛みを忘れるだろう、**でも**、それではエヴァに申し訳ない」

悲しいことに、この「**でも**」に頼れば頼るほど、自分の弱さをますます感じるのだった。そしてついに彼は悟《さと》った。悲しくて絶望的な気持ちではあっても、悲しみと怒りを手放さないかぎり救われることはない、ということを。彼女の思い出にしがみついていることが、実は彼女を忘れてしまうことになっていたのかもしれない。

ボビーはエヴァに申し訳ないと言うのをやめた。そのかわりに彼女の素晴らしさを思うようになった。つまり、それは、「**でも**」と言い訳をして何も話さないのではなく、自分がどう感じたかを話すということだった。

ボビーは家族や友人に心を開き、自分の本当の気持ちや戸惑《とまど》いや苦しみについて話すようになった。泣くことが必要だと感じたら、人目をはばからず泣くことも恐れなくなった。こうして解放されたことで、彼は前へ進み始めることができたのだ――思ってもみなかった方向にむかって。

ボビーは、前向きな気持ちで明るく話すことによって元気づけられることに気づき、自分に起こった出来事を知り合い以外の人たちにも話したいと思うようになった。そこで彼は、「飲酒運転撲滅を目指す学生の会」や「クリスチャン・アスリート友の会」といった若者たちの組織を発起し、ボランティア活動に協力した。話をすればするほど、自分の人生はまさにこの目的のためにあったのだと心から思うようになった。若者たちに飲酒運転の危険性を知ってもらうという目的である。こうして彼の癒《いや》しは本格的に始まった。身体のあちこちに残る事故の傷に目を凝らすのはやめた。トレーニングを再開して引き締まった体型になり、以前よりもずっと自信を持てるようになった。

しかし、ボビーにはやるべきことがもうひとつあった。この悲劇を引き起こした犯人を〝赦《ゆる》す〟ことだ。赦すということは、彼を解放してやるとか、エヴァを殺したことを良しとするとか、そういう意味ではない。社会に償いをしなくてもよいという意味でもない。だがボビーは、この男を赦さなければならないと思っていた。自分自身が憎悪と怨恨《えんこん》から解放されて自由になるために――そうしないと残りの人生をずっと憎悪と怨恨に捧げることになる。そしてついに、自分のパーフェクトな人生をトラックで破壊した男に向かって、「おまえを赦す」と告げたとき、ボビーは背負い込んでいた重荷を下ろしたように感じた。それが彼の怒りの終焉《しゅうえん》だった。そのときから彼の苦しみは癒されていった。

1986年、ボビーは、新しいスタートを切るために、テキサスを離れてニューヨークへ戻ることにした。その先に何があるかはわからないが、新たな一歩を踏み出すことについて気持ちは穏やかだった。すぐに教師とスポーツ指導の仕事が見つかった。その新しい勤務先の学校で、全校集会で話をしてほしいと頼まれた。それ以来、ボビーは毎年、何百人も集まる集会で自分のライフストーリーを語ってきた。すでに100万人以上の人たちが彼の話を聴いたことになる。

あるとき、僕はボビーに尋ねた。「もう二度と誰かを愛することはできないと思ったことはない？」

「もちろんあるよ。もう人を愛することなんて絶対できないって、ずっと思ってたさ。でもある日、若くて美しい女性に出会ったんだ」。ボビーと同じく、彼女もアスリートだった。3年後、1989年5月6日に二人は結婚し、やがて二人の男の子に恵まれた。

現在、ボビーは米国で非常に人気の高い、売れっ子の講演家の一人だ。執筆活動も行ない、自伝の『10秒（*10 Seconds*）』の他、数冊の著書がある。飲酒運転の危険性を訴えるのはもちろんだが、それ以上に彼がぜひとも伝えたいと思っている一番重要なメッセージは、「ひとつひとつの決断には、自分だけでなく、他の人の人生にも影響を及ぼす力がある」ということだ。どうか賢い選択を。

僕の友人であるボビーを襲った出来事はとてつもない惨事だった。これほど悲惨な経験をした人はいない。だが、彼の話をここで紹介しようと決めたのには理由がある。それは、自分に向かって話しかける言葉がどれほどすごいパワーを持っているか——プラスにもマイナスにもいかに大きな力を発揮するか——を知ってもらいたかったからだ。まさにそのとおりで、どんなにひどい境遇にあっても、それでもまだ前へ進んでいくことはできる。

自分の周りの世界が崩壊していくように感じたら、あなたは自分自身の親友となる必要がある。自分に向かって最高のアドバイスをしてあげよう！　使う言葉は慎重に賢く選ぶこと。その言葉は、何年間もずっと心の中で繰り返されることになるのだから。

ボビーは、自分に対する言葉だけでなく、折々に自分に与えるメッセージについて、いつも慎重に考えていた。かつて僕にこう言ったことがある。「ショーン、僕が生き残って立ち直ることができた理由はただ一つ、ひたすら前向きな考えや言葉や信念に浸っていたからだよ」。聖書の元気づけられる言葉を読み、陽気な映画を鑑賞し、苦労して成功した人の伝記をむさぼり読んだ。そうしたすべてが暗闇から抜け出すのに役立った。

僕は世界中を旅して回っているあいだに、何百という涙の感動話を聞いた。まったく知らない人たちと抱き合い、彼らは僕の腕の中ですすり泣いた。そんなときいつも僕は同じ言葉をささやきかけた。「探してみると苦しみのなかにも恵みがあるんだよ」

その恵みを探してみれば、大丈夫、きっと見つかる。探さなければ、あっというまに不幸にとりつかれてしまうだろう。ボビーも事故の犠牲者という立場に陥ったままでいてもおかしくなかった。「またデートもできたらいいなと思う、でも、俺のたった一人の愛する妻は不当に俺の人生から奪われてしまった」あるいは「頑張って生きていくつもりだ、でも、身体に残った傷跡を見ると人生最悪の日のことを思い出してしまう」——そんなふうにボビーが肩をすくめて言っても、誰も反論する人などいなかっただろう。

強力な「でも」の言い訳のせいで、孤立感を抱いたり、誰にも理解してもらえないし助けてもらえないと感じたりすることになる。悲劇のあとに出てくる「でも」の言い訳は、愛している人でさえ助けられないと感じるのだから、最も危険なものだといえるだろう。自分がどんな思いを経験したかを理解してもらうことはおそらくできないし、悲しみに浸っているままそっとしておこうということになる。

そうやって波風を立てないようにとびくびくしているような人間には、僕はなりたくない！　悲嘆に暮れる魂を元気づけて救い出そう、というのが僕の役割だ。あなたの人生は、あなたがこれまで経験してきたことよりも、まだまだずっとたくさんの経験を味わわせてくれるはずだ。さあ今すぐ、ずっと抱え込んできたネガティブな考えや思い込みを振り払ってしまおう。

〔レッスン3〕★★★

身体で自信を表現する

トニーへの憧れ

あなたの動作・話し方・外見・身のこなしは、他人があなたをどのように認知するかを決定づけるのはもちろんのこと、あなた自身が自信や自尊心といった感覚を得るという点においても、非常に重要な役割を果たしている。

このことを端的に示す例を、僕は若い頃に目撃した。誰よりも自信にあふれたその人と出会ったときの話をしよう。

彼が部屋に入ってきたとき、僕は仰天した。その存在感は、実際の体格よりもずっと大きく感じる。2メートルもの長身に、身幅はまるで冷蔵庫のようにがっしりしている（あと大きな斧《おの》をかついでいたらおとぎ話に出てくる大男そのものだ）。彼が話しかけてくれたのに、僕は気もそぞろで彼が何を言っているのかわからないありさまだった。現実とは思えなかった。憧れのスターを前に、少しビクビクしながらも狂喜していて、いろんな感情がいっぺんに押し寄せた。子どもの頃のヒーローと目と目を合わせて（僕と彼の場合は目と膝の高さだったが）対面するなんて、一生のうちにそうあるものじゃない。

……興奮して話がちょっと先走りすぎたようだ。僕の人生のフィルムを巻き戻して、トニーことアンソニー・ロビンズと初めて出会ったときの様子を見ていただくことにしよう。

子どもの頃の夢がかなう

大学生の頃、友人たちは、ピザやビールや車のローンの支払いにお金を遣《つか》っていた。でも僕は違った。節約をして、アンソニー・ロビンズの自己啓発セミナー・シリーズのテープが新しく発売されるたびに買い求めた。この自己啓発セミナーの王者に、僕は子どもの頃からずっと夢中だったのだ。

家族と一緒に飛行機で旅行をするたびに、座席のポケットに入っている大人向けのギフト・カタログに惹《ひ》きつけられた。特に気になったのが、アンソニー・ロビンズという人によるオーディオ・シリーズの広告だ。「情熱を持って生きよう」「小さな自分で満足するな」「パーソナル・パワー」といったフレーズが目に飛び込んできた。

そうした広告のキャッチコピーだけで、僕はモチベーションを刺激された。ロビンズは大胆な主張をしていた。「人生で手に入れたいものは何でも手に入れられる！」とか「運命の進む道は自分でコントロールできる！」といった具合だ。彼の楽観主義に心酔した。

大きくなると、深夜にテレビでやっているコマーシャルを時々見かけた。やがていつか、この自己啓発セミナー界の大物スターに会って友だちになる、なんだかそんな気がしていた。そして1996年6月の末、イリノイ・ボーイズ・ステイトの代表《ガバナー》になったとき、そのチャンスがやってきた。

その年、10代の少年ならだれもが望んでいるような夢をかなえるチャンスを与えられた――その年のイリノイ・ガールズ・ステイトの全会員の前でスピーチをすることになったのだ。これまで講演家として何千人もの聴衆の前で何百回も講演をしたが、このときのような経験はそうあるものではない。僕は大喝采を浴びた。1000人近い10代の女の子たちがひしめき合い、男の子の姿をまったく見ないまま、1週間を過ごしていた。そこへ登場した同年代の男が、僕だった。15分37秒間、僕はエルビス・プレスリーになった気分だった。

講演が終わると、ジェニーンという女の子が僕のところへやってきた。すぐに意気投合した。1週間後、彼女から、ミス・イリノイ・コンテストに招待された。コンテストに出場する友人を支えてやってほしいというのだ。コンテストの最中、少々退屈した僕たちは会場から抜け出して、ロビーでたわいのないおしゃべりをしていた。ふざけて盛り上がっていると、40代半ばくらいのおじさんが近づいてきた。

「私はジョンといいます」と自己紹介された。彼は僕の障害にいたく興味を示し、その障害のせいでどんな困難に直面してきたかを知りたがった。そのときは単に、僕の身体の状態に興味のある、気さくな人としか思わなかった。そういう人はこれまでにも大勢いた。

だが、このときはちょっと不快に思った――ジェニーンとイチャつくのに気を取られていて、邪魔が入ったと感じたのだ。

するとその人は、自分はメイク・ア・ウィッシュ財団の常任ボランティアをしていると言った。そして、おそらく僕の重度の障害は「願い事をする」資格があるはずだ、と言った。「そりゃあもちろん、願い事ぐらいしてもいいでしょ」と僕は答えた。そのまま彼は立ち去り、僕はまたジェニーンとふざけ合っていた。

ジョンは約束を忘れなかった。実現まで2年以上かかったが（それはひとえにトニーと僕自身の過密スケジュールが原因だ）、僕の最大の願い事は実現した。僕は飛行機でフロリダ州オーランドへ向かい、講演を終えたばかりのトニー・ロビンズと一対一で会うことができたのだ。

トニー・ロビンズからの贈り物

彼がドアから入ってくると、その存在感で部屋が満たされた。僕がこれまで会った人で、純粋にその存在感だけで観衆を魅了することができるのは、彼以外にはただ一人、ビル・クリントンだけだ。

「ようやく会えてうれしいよ、ショーン」とトニーが言った。その声は、ラジオのディスクジョッキーも逃げ出すぐらい、豊かな響きだった。

「こちらこそ本当にうれしいです、ミスター・ロビンズ」

「トニーと呼んでよ」

「わかりました。ミスター・トニー」と僕はふざけて言った。

トニーは僕の顔じゅうにニキビがあるのに気づいた。さらに、車椅子に座っている姿勢が前かがみになっていること（背中の痛みのため）や、自分でも気づいていたが疲労感が出ていることも。僕の健康を気遣ってくれているのがその声からもわかった。「ショーン、こんなに大変な痛みを抱えているなんて信じられないよ。もし興味があるなら、君にある人を紹介しようと思うんだけれど。その人の食事指導を受けて、僕の体調は劇的に良くなったんだよ」

断る理由なんてあるはずがない。

でもそのときは彼に聞きたいことがあまりに多すぎたし、また会えるチャンスがあるかどうかもわからなかったし、今こうしてあとどれぐらい彼といられるのかさえわからなかった。せいぜい15分ぐらいしかないだろうと思っていた。そこで僕は思いついた。彼に腕時計をはずして文字盤を伏せてテーブルに置いてくれるように頼み、もうしばらく話を続けてさせてほしいと言った。彼は笑って、願いどおりにしてくれた。今でも彼はこのときのことを誇らしげに人に話したりする。自分の何倍も大きくて20歳以上年上の大人に向かって頼み事をするとは、なんて勇気があるんだろう、と言いながら。

数週間後、僕はユタ州へ飛んだ。トニーの健康アドバイザー、ロバート・ヤング博士に会うためだ。ヤング博士のおかげで、背中の痛みがずっと楽になり、ニキビもきれいに治り、骨を強くすることができた。

体調の変化によって病気そのものが〝治癒〟されたわけではないが、うれしいことに、10年以上前にトニーと初めて会って以来、骨折することがなくなった。これには本当に驚いている。骨粗鬆症《こつそしょうしょう》の投薬治療を受けているわけではないし、他にも薬物治療はまったくしていないことを考えると、これは本当に驚きだ。

体調が改善されたことによって、生活においてもさまざまな変化が生まれたし、さらにもうひとつのトニーの導きを十分に生かすことができるようになった。それは、もうひとり誰かを紹介されたというのではない。この地球でしっかりと大きな目的意識を持って前進していくためのパワーを得る新しい方法を教えてくれたのだ。

それが、「自信の身体表現」という概念だ。身体の使い方によって自信を表現する方法をあなたにもお教えしよう。

言い訳撃退作戦！　言い訳をやめるためのプラクティス

自信に満ちた姿勢を模倣する

トニー・ロビンズとビル・クリントン、この二人に接していると、両者から伝わってくるメッセージがまったく同じだということに気づかされる。そのメッセージとは「私にはパワーがある」。二人は全身から自信のオーラを放射している。僕も彼らのようになりたいと思い、二人をお手本にして真似《まね》てみることにした。

あなたも自分のお手本となる自信にあふれた人物を見つけてみよう。身近な知人でもいいし、映画やテレビに出ている人でもかまわない。次の点に特に注目してみてほしい。

〔1〕その人の動作
〔2〕その人の立ち姿
〔3〕その人の座り方
〔4〕その人の話し方

お手本とする人のボディ・ランゲージをくまなく観察してみよう。どのように動き、どのような姿勢をしているだろうか。メモをとりたければとっておこう。そして、目を閉じて、その人と同じ動作を自分がしているところを思い描いてみる。すぐに自分の身体の中にパワーがみなぎる新鮮な感覚がするだろう。さらに、自分の姿勢や身のこなしが心の中にある画像と重なるように変化していくのがわかるかもしれない。

これを続けてやってみよう。注意点がひとつ。これはオウムのようにわけも分からないままただ模倣するのではない。お手本に従って動作をなぞるということなのだ。ゴルフのスイングがもっと巧くなるよう身体に覚えさせるために、タイガー・ウッズのスイングを真似てみるようなものだ。目指すのは、自信にあふれた立ち居ふるまいを自分の身体に浸み込ませることである。

心と身体のつながり

自信の身体表現とは、自信に満ちた心の状態を外見的に表現したものだ。簡単に言えば、どのようにすると自信があると見えたり聞こえたりするか、ということである。

知り合いの中で一番自信にあふれている人を思い浮かべてみてほしい。初めてその人に会ったときのことを思い出してみよう。その人が自信にあふれているとわかるまで、どれぐらい時間がかかっただろう。きっと数秒もかからなかったのではないだろうか。たぶん1000分の1秒という単位かもしれない。では次に、これまで会った中で一番不安そうで臆病な感じの人のことを思い浮かべてみよう。その人の自信のなさがわかるまで、どれぐらいかかっただろうか。おそらく同じくらいだろう。一目見るだけですぐにわかったはずだ。

では、離れた場所からでも自信にあふれた人を見分けることができるのはなぜだろう。それは、かなりの度合いで、自信というものが外見に表われているからなのだ。

考えてみてほしい。気分が落ち込んでいるとき、無意識に顔はどの方向に向いているだろうか。そう、うつむき加減になっている。不安でおびえているとき、呼吸の深さはどうだろうか。そう、浅い呼吸になる。笑顔だから幸せになるのか、それとも幸せだから笑顔になるのか……さて、どちらが先だろう？

心と身体は別々の存在だと思われているかもしれない。でも本当は、心と身体は一体になっている。精神的に何か出来事が起こると、必ず即座に身体的な反応が現われる。反対に、身体的に何か刺激を受けると、知能的にも心理的にもすぐに反応が起こる。

心配事で気を揉みすぎて胃の具合が悪くなった経験はないだろうか。それは身体全体が（脳だけではなく）思考と感情の機能を備えているから起こり得ることなのだ。研究によると、身体の極小単位（細胞、分子、原子、クォーク）においても、常にお互いの情報をやりとりしながら連動していることがわかっている。

神経システムと消化器官は特に緊密につながっていて、合わせて一つの器官――**脳腸相関**――として扱う研究者も多い。実際、腸には脊髄《せきずい》と同じぐらい多くのニューロン（神経細胞）がある。脳と消化器官との連絡は、双方向に非常に緊密に行き来している。中枢神経系はアセチルコリンやアドレナリンといった化学物質を放出することによって、いつ胃酸を分泌して、いつ消化活動をし、いつ休むかを伝えている。消化系統から脳への応答は、空腹や満腹、痛み、吐き気、不快感といった感覚を電気信号によって伝えている――そしておそらく悲しみや喜びといった感情も伝達されている。

脳と腸の相関

胃腸科の専門医であり、ＵＣＬＡ（カリフォルニア大学ロサンゼルス校）に新設されたマインド＝ボディ・コラボラティブ・リサーチセンターの所長でもあるエメラン・メイヤー医師によると、腸が心理状態を左右するのは事実だという。特に重要な役割を果たすのは、迷走神経だそうで、これは脳と消化器官の間を走る大きな電気ケーブルのようなものらしい。

「かつては、神経のおもな役割は胃酸の分泌をコントロールすることだ、と言われていました。しかし神経線維の95パーセントが逆方向に信号を伝えています――腸から脳へ伝達されるのです」

この電気ケーブルの中をどんな信号が流れているのか、正確にはわかっていないが、異なる波長で神経を刺激することによって、不安感を引き起こしたり、あるいは幸福感を強く感じたりすることが研究でわかってきている。おそらく「第六感」という表現は単なる言葉のアヤではないのだろう。

では、脳腸相関が自信の身体表現とどんな関係があるのだろうか。脳と腸の連携ケーブルの存在は、人間の身体が心に直接影響を与えるという証《あか》しだ。だからこそ、身体の動作や姿勢が脳に送るシグナルに注意を払い、自分をコントロールし、穏やかな気持ちで、将来に対する希望に燃えているというシグナルを送るようにしなければならない。

人間の身体はパワフルだがデリケートにできている。気分の良いときには特に活動的になれる。このとき「良い気分」の化学物質が脳に送り込まれていて、気分が良いと感じる。身体に適切な燃料を与えてやると、気分は良い。それに筋肉の状態を良好に保っていると、とっても気分が良い！　自信にあふれている身体表現をしたいのなら、体型維持は一番の重要ポイントだ。たったひとつしかない自分の身体をきちんとケアするのは大事なことである。僕も多忙だが、筋トレやストレッチをかかさないようにし、水分補給を心がけ、食事にも気をつけるようにしている。そうすれば、あなたの身体からもあふれんばかりの自信が他の誰よりもキラキラと輝き放たれるだろう。

言い訳撃退作戦！　言い訳をやめるためのプラクティス

身体をシフトすれば心もシフトする

気分が落ち込んでいて、やらなければいけないことが差し迫っているからなんとか抜け出したいと思うのに、怒りや悲しみ、不安、苦しみ、罪悪感といったネガティブな感情に押しつぶされそうだ――そんな経験はないだろうか。こういう状況では前向きな言葉も大して役に立たない。「私は幸せだ……私は幸せだ」と唱えても効果はない。

だが、トニー・ロビンズは僕に教えてくれた。身体を変えることによって心の状態も変えることができる、ということを。彼の言葉を借りれば、「動作が感情を創り出す」。身体が元気になれば、心も元気になる。emotion《エモーション》（感情）のeはこの場合、energy《エナジー》を意味する。つまり、emotionとは「e（活力）＋motion（動作）」なのだ。さてここで本書を読みながら、次の指示に従って動作をやってみよう。

〔1〕不安感があるときのポーズをしてみよう。頭、顔、肩、腕、手、胸、脚、それぞれを動かし、最も不安を感じている姿勢にしてみる。呼吸も、不安におびえている人のようにする。

〔2〕不安でいっぱいの姿勢のまま静止。どの筋肉も動かさないように。

〔3〕そのポーズのまま、感情を非常に興奮している状態にしてみる。まるで世界を制したかのように、気分が舞い上がり、自信にあふれている感じだ。

〔4〕身体の状態と相反する感情を抱いているときに感じる葛藤《かっとう》に着目してみよう。

〔5〕身体を振って、姿勢で表現していた不安のエネルギーを払い落とそう。深呼吸をして、不安感を息と一緒に吐き出そう。

〔6〕次に、自信とパワーにあふれたポーズをしてみよう。頭、顔、肩、腕、手、胸、脚それぞれを動かし、最も自信とパワーに満ち溢れている姿勢にしてみる。呼吸も、自信とパワーのある人のようにする。

〔7〕自信とパワーに満ちたポーズのまま静止。どの筋肉も動かさないように。

〔8〕そのポーズのまま、感情を不安におびえている状態にしてみる。自分の影にもびくびくしている人のように。

〔9〕姿勢を変えずに〔8〕の指示どおりにするのはいかに無理があるかに着目してみよう。

この練習は、どんな感情もそれに見合った身体の姿勢があるのだということをまさに実証してくれる。心の状態を変えたいのなら、身体の状態を変えるべきなのだ。

身体表現の重要性

今度気分が落ち込んだときには、自分の身体をチェックしてみてほしい。怒りを感じているのなら、身体が怒りの姿勢になっているかどうか（こぶしを握る、肩をいからせる、唇をキュッと結んでいる）、声のトーンが怒りを帯びているか、呼吸が速く怒りで乱れているか。お望みであれば、途中でいつでもやめて気分を変えることも可能だ。身体を変えるだけでいい。幸せなポーズにしてみよう。手を開いて、肩をリラックスさせ、にっこりと口角を上げる。声はもっと明るく、呼吸もゆったりと。まるで魔法のように、気分が良くなってくる。

もちろん、こうやって生理学的に変化させることによって、当初抱えていた問題が解決すると言っているわけではない。怒りの感情の激しさを軽減させる、あるいは解消することによって、考える時間が与えられるということなのだ。

トニー・ロビンズと初めて会って、それからの数年間、僕は、外的姿勢が心的状態にどれほど影響を及ぼすかを研究した。そしてわかったのは、恋人との関係、お金を稼ぐこと、体型の維持、人との出会い、家族との絆《きずな》など、人生のあらゆる局面は、自分がどのような姿勢でいるのかということと直接関係があるということだ。

姿を見せたがらない男

ある日、地球をほぼ半周して、遠路はるばる僕のところまでやってきたクライアントがいた。

ちょうど僕が電話を切ったところへ、受付係から内線が入った。「ショーン、クライアントがお見えです」

「ありがとう、すぐに行くよ」

ジャケットを取って、ブラシをかけて糸くずを払い、ひとりで着るときのちょっとコツの要る手順でジャケットをはおった。きちんとできているかどうか鏡でチェックした。クライアントには初対面の数秒間で強く印象づけようと常に心がけている。ドアを開けて、オフィスの廊下を進み、待合室へと急いだ。僕は興味津々だった。このクライアントは、事前のメールによると、自分が非常によくない状態で、僕のセラピーを受けるためだけにシカゴへの飛行機代を2年間かけて貯金した、という。

廊下の角を曲がったとき、彼の姿が見えた——そのおびえている様子と打ちひしがれたような姿勢から、すぐに彼だとわかった。こういう人はクライアントにも聴衆にもこれまで何百回も見かけたことがある。彼が自分のことを欠陥のあるダメな人間だと思っているのは明らかだった。僕は彼を見て、まるでクラシックカーや歴史的建築物のように、立派に修復できる可能性が大いにあると思った。

「いらっしゃい。来てくれてありがとう」と僕は声をかけた。とびきりの笑顔で、熱意を込めて声を弾ませながら。

「いえ、あの、どういたしまして」。かろうじて聞こえるぐらいの声だ。

廊下を進んで彼をオフィスへと案内しながら、彼の身体の様子を注意深く観察した。『くまのプーさん』に登場するイーヨーを思い出した。彼がこんな台詞《せりふ》を言ったとしても驚かなかっただろう。「ねえショーン、僕のしっぽを見なかった？　ああ、かわいそうな僕」

彼の凍りついた自尊心と自信のなさは、見ていて実に痛々しかった。すぐに手を打たなければと思った。こうしている間にも、彼の自尊心は奈落《ならく》の底へと落ちていってしまいそうだ。

これまでのメールのやりとりの中で、彼は50代後半だが、これまで一度も女性とキスをしたことがないと打ち明けていた。女性を惹《ひ》きつける魅力を身につけるために僕のところへ来ようと思ったようだが、本当はそうではない。決してそうではないのだ。クライアントがお金を払い、仕事を休んで時間を作り、はるばる遠くから私に会いに来るとき、その人が当初思っていた問題について話し合うことはほとんどない。

今回は時間のかかる大変なセッションになりそうだ。オフィスに入ると、彼はほとんどのクライアントがやるのと同じことをした。立ち止まって外を眺めるのだ。午後遅い時間で、窓いっぱいに素晴らしい夕焼けが広がっていた。それから彼に柔らかくて座り心地の良い茶色のカウチに腰掛けてもらい、セラピーを開始した。最初の目標は、彼の身体状態を今すぐ変えることだった。自信にあふれた姿勢ができれば、自分の外見に対する評価が一気に向上するだろう。

そのとき、トニー・ロビンズの言葉がふと心に浮かんだ。「**動作が感情を創り出す**」。自信を身体で表現するという概念について説明をし、カウチのスペースをできるだけ広く占有して座ってみるようにと促した。彼は照れくさそうに、少し身体を緩《ゆる》めた。それから僕は彼の姿勢を少しずつ調整していった。

「腕を上に伸ばして」。僕が言うと、彼はそのとおりにした。すると上体が大きく開かれた。

前かがみでぎゅっと縮こまった状態ではなくなったので、呼吸が楽にできるようになった——彼にとってはおそらく数年ぶりのことだろう。次に腕を横に伸ばすと、健康的な呼吸とともに胸が大きく開かれ、同時に部屋内のスペースをさらに占有することになった。彼は大きくなったように見えたし、彼自身も、自分が大きくなったように感じたようだ。彼は一瞬ハッとしたようだったが、すぐに——おそらく無意識のうちに——リラックスしはじめた。

このままこの調子で進めたいと願った。「背中はカウチにもたれるようにして、脚は組まないで」と指示を出す。一段とリラックスしてきて、自信にあふれた男性の姿勢をすることによって、ほんの少しだが自信が芽生えてきているように見えた。

「今、どんな気分ですか?」と尋ねてみた。

「良くなりました」。彼は小さな声で答えた。

「なんて言いました? もっと大きな声でないと聞こえませんよ」。次は、消え入りそうな声でぼそぼそと話す彼に、ただ大声で叫ぶのではなく朗々としっかり声を出させることにとりかかった。こうして少しずつ、座り方を変え、動き方や呼吸を変え、声をはっきり出すようにしていっただけで、彼はすでに本来の自分へと変わり始めていた。そろそろ次の段階へ移ってもよいだろう。

「ミルトン・エリクソンという名前を聞いたことがありますか？」と尋ねた。

「いいえ、ないと思います」

「エリクソン博士は医師で、素晴らしく優秀な心理療法士でした。彼は人を強くする方法を知っていました。まるで木を丈夫に育てるように、人を強く丈夫にするのです。自分のエネルギーを地面に深く植えて、全身の細胞ひとつひとつで地球のパワーを感じなさいと教えました」

エリクソン博士がこのとおりの比喩を使ったかどうかはわからない。だが、博士課程で学んでいた頃、彼の著作を何冊も勉強した。表現は少々異なっていても、主張する内容はどれも共通していた。「クライアントが自分自身と親密な関係に戻れるようにしなさい」と教えられた。このクライアントが自分自身と親密ではないのは明らかだったので、エリクソン博士の教えを思い出し、彼のパワーがもっとしっかりと根を下ろすようにしなければと思った。彼を見ていてピンとくるものがあった。

観察していると、彼は背筋を伸ばし、両足を床につけて、少し目を細めている。もうだいぶ身についてきたようで、堂々として見えた。

さらに進めて、自分に自信を持っている人の立ち方、座り方、歩き方、話し方、呼吸の仕方を指導していった。さらに、地下のガレージまで連れて行って、彼が自分の中に閉じ込めて忘れてしまっている原始的な動物性を目覚めさせるために、肺いっぱいに息を吸ってライオンのように咆《ほ》えさせた。夕食に出かける頃には、彼は駐車場からレストランまで僕の車椅子を押してくれるようになっていて、ほんの数時間前にやってきたあの彼と同一人物とは思えないほどだった。

だが実際、僕は何をしたのだろう。ただ彼の身体の姿勢を変える手伝いをしただけなのだ。身体全体で不安感を表わしていた姿勢から、自信を感じさせる姿勢へとシフトさせただけ。魔法でも使ったんじゃないかと言われるかもしれない。だが本当に、彼に必要だったのは次の二つのことだけだったのだ。

〔1〕自分の居場所を持ち、自分の存在を認めること
〔2〕自信のある姿勢でいるとどんなふうに感じるかを理解すること

これを毎日実践していく――つまり、当然の権利として自分はこの世界に存在してもよいと認める――ことによって、彼は自分が本来自信のある人間であることを自覚していった。そして他人から見ても一目でそれがわかるようになった。

彼の変身ぶりは、息を呑《の》むほどの驚きだった。だが身のこなしを変えるだけで変身でき

るのは、男性だけではない。

疲れることに疲れた女性の話

電話の音にハッとして我に返った。この本の執筆に追われてオフィスでずっと集中していて、ちょうどこの章を書いているところだった。受付係には電話を取り次がないようにと言ってあったので、帰宅すると知らせてきたのだろうと思った。

「ショーン、電話が入っています。執筆中なのはわかってますが、緊急だからどうしてもとおっしゃって、切るわけにもいかない気がして」

「わかった、いいよ。つないで」。イライラしていた。さっさと終えてすぐに執筆に戻ろうと思った。

「もしもし、どうしましたか」。電話の向こうから女性の声が聞こえた。固いバネがキーキー鳴っているような、よそよそしくて感情が欠如した感じの声だ。彼女は私の資格証明書や認可証の詳細、推薦状などすべての情報がほしいと言った。新規のクライアントがこの手の要求から始めるのは、過去にセラピストとの関係が非常に悪かった経験を持っている場合が多い。彼女の一方的な質問攻めに割り込むようにして僕は言った。

「喜んで何でもお答えしますよ。でもまず、なぜこの電話がそんなに急を要するのか教えてくれませんか」

「もう48時間以上、寝つけないんです」。彼女は必死だった。それに僕の最初の推測は当たっていた――セラピストから性的虐待を受けたと言った。「精神的ダメージが永遠に残るのではないかと心配でたまらないんです」。そう言うと、感情を抑えきれずに泣きだした。

「お願いです。すぐにセッションを受けに行きたいんです」

「わかりました」。時計を見ると、午後4時59分。執筆の時間はあとでなんとかなるだろう。

「今夜のスケジュールはすべて変更しましょう。いらしてください」

彼女は女友達と一緒にやってきた。その友達に車で送り迎えをしてもらうという。彼女のボディランゲージは「助けて！」と叫んでいた。両目が飛び出し、身体は板のように硬直している。数分毎に、いきなり理由もなく甲高い笑い声を上げる。まったく目を合わせようとしない。何もかもに怯《おび》えながら彷徨《さまよ》っている捨て子を思い出させた。彼女は全身を折りたたむようにして腰を下ろした。まるでこの地球上のできるだけ小さなスペースしか占有しないようにとでもいう感じで。虐待を受けた女性に典型的な姿勢だと気づいた。

すぐにセラピーを開始した。身体の筋肉を一カ所ずつ順番に緩めていくことにした。

「さてと、まずは目の周りの筋肉をリラックスさせるとイメージして……そう、いいですよ。じゃあ今度は、頬の筋肉。次に額の筋肉を緩めて」

そうやって一カ所に数分かけながら、大小約25の筋肉をリラックスさせるイメージを思い描いてもらった。そのあと、彼女がこの世で一番大好きなもの（ガーデニング、子ども、料理）について話をしていくうちに、彼女の顔は緊張がほどけ、表情が柔らいできた。次に取り組んだのは、深呼吸をすることと優しい笑顔を作ることだ。

そこで彼女に、僕のポーズをそっくりそのまま真似てみるようにと言った。僕は顎《あご》を上げ、肩の力を抜いて、ゆったりと自信に満ちた姿勢を取った。顔、手、腕、足、すべて正確に、鏡のように、模倣してもらった。この行動によって、感情のポジティブな変化が生まれる。実際、この「鏡写しの方法」を身体の細部まで十分に意識を集中させて行なうと、相手が何を考えているかさえもある程度わかることがある。ちょっと気味が悪いと思うかもしれないが、覚えておくといい。外見の状態は内面の状態を物語る。相手の身体の姿勢を正確に真似ると、その人の感情や思考がわかることがあるのだ。

2時間がかりで、心と身体の新しい在り方を体験する簡単で効果的なテクニックをあれこれと試してみた結果、彼女の感情面が変化したのは明らかだった。筋肉の緊張がようやくほぐれ、身体から力が抜けてリラックスしていた。何か危険はないかと鋭く部屋を見回すのではなく、僕としっかりと目を合わせるようになってきた。話すときも、より穏やかで自制がきいた声になった。その夜、帰宅するとき、友人が彼女を家まで送ってくれるのはありがたかった。というのも、彼女はあくびが止まらず、足元もおぼつかないようすで、ニコニコと車に乗り込んだからだ。翌朝、留守番電話に彼女からメッセージが入っていた。ぐっすり眠れたと何度も感謝の言葉を繰り返していた。

身体の状態を変えれば、心の状態も変えることができるのだ。

もっとのんびりゆっくりやろう

クライアントが口にする言葉で何度も聞かされるのは、「時間がない」。僕たちをとりまく世界はスピードアップし、人もスピードアップして動いているのだから、時間に余裕が生まれてもよさそうなものなのに、おかしな話だ。だが、世の中すべてのスピードが速くなると、自分は遅れてしまっているのではないかという気持ちになる。焦《あせ》りは決して自信のある姿勢につながらない。ずっと全速力で走り続けていると、リラックスできないし、当人だけでなく周りの人たちもリラックスできなくなる。

解決するのは簡単だ。ゆっくりと、動くペースを落とせばいい。

スローモーションのように手足を動かせと言っているのではない。自分の身体の動きにもっと注意を払おうということだ。自分自身ともっと心地良くつき合い、自分の周りの人も心地良い気分になってもらいたいのなら、次のような点に注意しよう。

〔**リラックス**〕

全身を常にリラックスさせておこう。こぶしを握り締めている人は、手のひらを広げて。体のどこかが緊張していたら、ほぐすようにしよう。

〔**深呼吸をしよう**〕

呼吸が浅いと感じたら、もっとゆっくりと深く呼吸をしてみよう。完全に息を吐き切ること！　そわそわと落ち着かない自分に気づいたら（たとえば、両手をポケットに入れたり出したりする、何かを執拗にいじっている、爪を噛む、髪を触る、足や手や指をトントンと動かす、など）、深呼吸をして、にっこり笑い、ゆったりと落ち着いた姿勢を取って、しばらくそのままでいよう。

〔**まばたきはゆっくりと**〕

まばたきのスピードに注意して。速すぎるようならスピードを落とそう。

〔**目線を高く**〕

肩を落として胸を張り、顎を引く。これだけでもうだいぶ気分は楽になるはず。外の世界に目を向ければ、自分の周りのいろんなことを考える。下を向いていると、どんどん内向的になっていく。自分の心の声と感情に目を向けているあいだ、その瞬間の現実から断絶されてしまうのだ。肩を落として胸を張っていると、心のチャクラも開かれて、人と愛情のやりとりをする意思があるということを人々に知らせることになる。

〔**姿勢を整えよう**〕

身体の力を抜いて、少しだけ左右非対称にする。座っているときも立っているときも、肩をいからせ、脚を揃えて、軍隊のように不動の姿勢をしないこと。このような左右対称の姿勢は攻撃準備ができていることを意味し、少し（しかも意識的に）ずらした姿勢は、危害を加える意思はないというボディランゲージになる。リラックスしてくつろいでいればいい。

〔**しっかりと声を出そう**〕

声の出し方を意識的にコントロールしよう。上手なラジオＤＪを聴いていて気づくのは、ゆっくりとつまらなそうな声で単調な喋り方をしない、ということ。声の大きさや高さ、テンポをうまくコントロールしている。ブレスをするとき、わざと音を立てて息を吸っている。

〔**笑って！**〕

顔に貼りついているような、わざとらしいこわばった笑顔を無理やり作らないこと。心を開いてゆったりとした気分から自然と湧き上がってくる優雅な微笑を浮かべよう。

〔穏やかな心で〕

静かで落ち着いているほど良い。動きや音が突然変わったとか、おかしな変化をしたと視覚と聴覚がキャッチすると、自動的に危険の可能性として察知する。身体を静止させ、声をコントロールしてリラックスしていればいるほど、自分の周りも、そしてもちろん自分の心の中も、穏やかで安心した状態が保てるだろう。

知覚鋭敏性

生理学上の微細な変化を注意深く観察していると、自分に（あるいは自分以外の人でも）精神的な変化が生じたときを見分けることができる。そうした細部を感知することを「知覚鋭敏性」という。次のような身体的変化が心理的状態を知らせる合図となる。

〔瞳孔拡大〕

瞳孔が大きく開いているほど、感情が表に出やすい（直射日光や薬物などの影響下にない場合）。

〔肌の紅潮〕

肌（特に顔）の赤みが強いほど、居心地の悪さ、不安、恥ずかしさ、性的な緊張感などを強く感じている。

〔筋肉の緊張〕

顔（特に目の周り）の筋肉が緊張しているほど、気持ちが落ち着かないことを示す。首の緊張は、心理的な苦悩を的確に示すバロメーターだ。

〔呼吸の速さ〕

呼吸が速い（何か運動をしたわけでもないのに）、呼吸が浅い、肺の上のほうで呼吸をしていると　いった状態は、抑圧されていると感じている（そしておそらく実際に抑圧されている）ことを示す。ゆっくりと深くお腹の底から息をすると、一瞬で楽になることが多い。

〔唇の形状〕

唇が不自然にすぼめられて少し白くなっているとき、怒りや強い不快感を抱いている場合が多い。唇がふっくらと滑らかで深い赤みを帯びているときは、性的興奮を感じているか、気分が高揚しているか、すべてに満足している状態であることが多い。

ボディランゲージを読み取る

では、知覚鋭敏性を研ぎ澄ませてみよう。

まず、友人をひとり選んで、害のない心理テストに参加してくれるように頼む。その人に、嫌でたまらない人を思い描いてもらい、そのまま1分間イメージし続けてもらう。その間、友人の様子を観察しよう。先に挙げた微細な変化（瞳孔、肌色、筋肉、呼吸、唇）に注目。1分経ったら、自分の電話番号を後ろから逆順に言ってもらう。これで脳からイメージが消える。

次に、大好きな憧れの人を思い描いてもらい、そのまま1分間イメージし続けてもらう。再び、細部の変化をじっくり観察しよう。まったく違った変化が起こるはずだ。1分経ったら、自分の名前の画数を数えてもらって、再び脳からイメージを消す。

最後に、大好きな人か大嫌いな人、どちらかを選んで――どちらを選んだかは言わないで――その人のイメージを1分間思い描いてもらう。細部の変化を観察し、知覚鋭敏性を駆使して、直観的に答えがわかるだろうか。友人がどんなに頑張ってポーカーフェイスを決めていても、あなたの知覚鋭敏性が答えを言い当てるはずだ。

自信の身体表現を恋愛に活用する

男性も女性も、性的魅力がどのようなものかを誤解している人が多い。身長や体重、体型、顔や髪型が問われると思い込んでいたりする。そうした要素も確かに魅力の一端を担ってはいるが、選考過程における影響力は、自信を表わす態度のほうが格段に大きい。

例を紹介しよう。背が高く、陽に焼けたハンサムな男性が、しかめ面をしてバーに入ってきた。視線は足元を向き、腕組みをして、腕や脚や胴体をあちこちピクピクと動かしている。彼を魅力的だと思う女性は何人いるだろうか。ひとりもいないだろう。女性は最初の視覚的印象で彼を除外し、変わり者で気味が悪くて、おそらく危険だというレッテルを張る。なぜか。この男性が身体表現で不安感をまき散らしているからだ。

反対に、背が低くて太り気味だが、そこそこちゃんとした身なりの男性が同じバーに入ってきたとしよう。陽気で気取らず、動作に自信がみなぎっている。彼の場合、自分の気に入った女性とペアになるチャンスが劇的に向上するだろう。

ではは女性はどうだろう。

女性が不健康で不安定な男性に魅力を感じるというのは、そのボディランゲージによる場合が多い。こういう男性は、自分が操《あやつ》り、利用し、虐待することができるタイプの女性に狙いを定める。どうやるのかって？　簡単だ。身のこなしに自信が表われている女性はすべて飛ばして、不安感が身体に表われている女性を探し出すのである。そういう女性は、神経をピリピリさせて落ち着きがなく、身体を硬直させ、ニコリともしないし、目を合わせようとしない。そうした癖が、精神的に不安定な男性の狙いどころだ。

態度やふるまいに自信があふれていると、男性でも女性でも、優れた人々を引き寄せてしまうものなのだ。混雑した部屋のはるか向こうから女性が目を合わせてくるという経験を何度もした。たいていはその場の「女王様」的な子ではなく、外見は標準的な子だ。だが例外なく、その子の自信の身体表現はずば抜けている。こういう女性はありのままの自分に満足している。温かな笑顔で、しっかりと目を合わせて、「毎日が楽しい！」と言う。このタイプの自信にあふれた姿勢や仕草は、人の心をつかんで放さない。こういう女性とつき合いたいと僕もずっと努力をしている――そのつき合いはたいてい恋愛関係へと発展する。

「もっと女性に積極的にアプローチして恋愛生活を楽しみたいのだけれど、でも、私は〇〇〔映画スターの名前〕みたいな外見ではないし……」と不平をこぼす男性たちから、僕のところには毎日のようにメールが来る。

こういうコメントにはいつも吹き出しそうになる。「じゃあ僕の恋愛生活をどう説明してくれるんだ?」と叫んでやりたくなる。「僕の身長はたった90センチあまりでずっと車椅子。恋愛においてはセールスポイントとは言えない。女性を惹きつけるのは、僕の態度と自信に満ちたふるまいのせいなのだ」

このことをどうして知ったかって? デートをした女性たちが僕にそう言ってくれるからだ! 「ショーン、あなたの態度はとても堂々としているわね。あなたの動きはどれひとつとってもきっぱりとしていて、かっこいい!」

これは偶然ではない。自信を身体で表現することを僕は何年もかけて体得し、今では毎日実行している。この本を読んでいるあなたも、僕が体得した方法を実践することができる。誰だってできるのだ。秘密の魔法でも何でもない。

もうひとつエピソードがある。数カ月前、カフェで男性向けオンライン・マガジンに載せる記事を執筆していると、僕よりも20歳ぐらい年上の女性が二人連れで店内に入ってきた。一人の女性はとても自然な感じで、目元と口元のシワが年齢を物語っていた。僕よりもだいぶ年上だけれど、とても魅力的だと思った。もう一人の女性は違っていた。身体は明らかに美容整形がほどこされ、ありとあらゆる施術を受けたような感じだった。身体は〝完壁〟な体型に造られ、人工的ではあるが、連れの女性よりも確かに若く見えた。けれども僕は彼女にまったく性的魅力を感じなかった。なぜだろう？

自然体の女性からは若々しい気持ちがあふれ出ているようだった。店内を滑らかな動きで進み、生き生きとしていた。もう一方の女性は、まるで木からポキリと折れた枯れ枝のように見えた。あなたがもしセクシーに見られたいと望むのなら、生き生きとした滑らかな動作で、身体から自信がにじみ出るようにするべきだ。

あらゆる困難を突破する

これまでいろんなタイプのアスリートをクライアントとして診《み》てきた。高校生や大学生の競技選手から、プロ選手やオリンピック選手までさまざまだ。どんなレベルの競技大会でも言えることだが、自信に満ちた態度によって試合の結果が決まるのをこれまで何度も見た。コートや競技場に歩いて登場するとき、胸を張り、目線を高くし、自信たっぷりの笑みを浮かべている選手は、ほとんど必ずといっていいほど勝利を手にする。

フォーチュン500社のエグゼクティブのクライアントにも同じことが言える。自分の動作を意識し、呼吸や姿勢をコントロールしている人は、何が起こっても冷静でいられる。幸運なことに、世界でトップクラスのアスリートやリッチなCEOでなくても、日常生活の中で自信を身体で表現することはできる。今度何か大きな課題に直面して、自分の身体が萎縮《いしゅく》して不安の姿勢になっているのに気づいたら、そこでストップをかけよう。肩を回して後ろに引き、深呼吸をして、顎を上げよう。自分が真剣勝負で挑むことを世間に知らしめれば、自分自身を納得させることにもなる。

言い訳撃退作戦！　言い訳をやめるためのプラクティス

自信に満ちた姿勢に身体をなじませる

重要な会議、ロマンチックなデート、難しい話し合いなど、緊張してしまったときには、この効果抜群の方法を試してみてほしい。

〔ステップ1〕
鏡の中の自分と向き合いながら、お気に入りの音楽を繰り返し聴く。
〔ステップ2〕
背筋を伸ばし、両足を肩幅に開いて立つ。

〔ステップ3〕

スーパーマンやワンダーウーマンのように、両手を腰に当てる。

〔ステップ4〕

目を細める、あるいは目を大きく開ける。どちらか自分が強くなったように感じるほうを選んで。

〔ステップ5〕

自信たっぷりの笑みを浮かべ、ゆっくりと「イエス」というように首を縦に振る。

〔ステップ6〕

自信に満ちたエネルギーが血管を流れているのを感じよう。最後に、心理状態を表わす動作をする（たとえば、両手で握りこぶしを作る、親指と人差し指を強く押し付けあう、鼻を軽くたたく、など）。これが「運動感覚的合図」となり、その動作をすることによって呼び起こしたい感情が沸き上がってくるようになる。

〔ステップ7〕

会議、デート、話し合いなどの現場に到着したら、「運動感覚的合図」の動作をする。

〔ステップ8〕

全身に自信が満ち溢れているのを体感しよう。その瞬間を楽しもう——もうあなたには必要なパワーもサポートも備わっている。

自分に対してどんな言葉を語りかけ、自分の身体にどんな動作をさせるかによって、心の状態が決まるのだということは、ここまでの説明で十分に納得してもらえたはずだ。しかし、どんなに良い言葉で自分に語りかけ、どんなに自信たっぷりにふるまっていても、何に対して意識を集中させるかをうまくコントロールしていないと、一瞬のうちにバランスが狂ってしまうおそれがある。

次のレッスンでは、集中力をうまくコントロールするにはどうすればよいか、何に対して意識を集中させるべきか、何に対して意識を集中してはいけないか、といったことについて取り上げていこう。今はとにかく、次の章を読むことに集中すればよい。

アンドレアはどのようにして言い訳をやめたのか

「私は太りすぎよ、**でも**それは私のせいじゃないわ」

自信のある態度を身につける訓練は、自分のことを毎日どんなふうに感じているか、自分が人々にどんなふうに扱われているかを知る探検のようなものだ。だがそこには落とし穴もあって、今のところまだあなたの体型が整っていないという場合、自信のある態度を維持するのはなかなか難しいだろう。というのも、慢性的な痛み、疼痛、疲労、肥満というのは、自尊心という感情を抑えつけて、心を消耗させる原因となるからだ。それに加えて、辱《はずかし》められたり非難されたりすると、「でも」の言い訳を背負い込むことになる。

　悲しいことに、体型の乱れは現代社会の大多数の人が抱えている問題だ。だから、僕の親しい友人であるアンドレアのことがとても印象に残っている。

　彼女は僕のことを「ソウル・ブラザー」と呼ぶ。彼女は（それに僕も）僕たち二人が宇宙のDNAを共有していると信じているのだ。二人で一緒に外出すると、いつも面白い現象が起こる。人々が目のやり場に困っているのだ。車椅子に乗った小さな男と、大柄ではつらつとした金髪美人。アンドレアは今は人目を引くモデルのような外見だが、以前からずっとそうだったわけではないなんて人は誰も思わないだろう。彼女は元気な健康体とはほど遠い時期があった。

　僕と同じく、彼女は生まれつき克服しなければならない問題を抱えていた。彼女の場合は、いわゆる脂肪遺伝子によって、極端に脂肪を蓄積しやすい体質で体重が増加する。どんなにダイエットに励んでも、必ずまた太ってしまう。アメリカでは60パーセントの人が同様の問題を抱えていると言われている。

これまでの人生のうちほとんどの間、アンドレアは二つの相反するメッセージを聞かされてきた。医師や研究者は「あなたの肥満は遺伝子によるものです。どうすることもできません」と言った。彼女の心の中には「太っている、でも、どうすることもできない」というメッセージがごく幼い頃から刻み込まれた。そしてもう一方からは、数十億ドル市場の健康業界が、「この商品を購入すればすぐに痩せられる！」と雑誌や広告でまくし立てる。つまり彼女に突きつけられたのは、このまま肥満症に甘んじるか、それとも何度も減量に失敗して自分は意志の弱い負け犬だと思い知らされるか、二つに一つの選択だった。

彼女は周りの人たちや自分のこれまでの経験から、力強い励ましを受けることはなかった。大学時代には自分なりにダイエットをしたが、卒業する頃にはダイエット開始時よりも太ってしまった。数カ月間でいくらか体重が減ることもあったが、必ずリバウンドした。痩せている時期に、ある男性に恋をし、彼しかいないと心から思っていた。しかし彼女の体重が元に戻り始めたとき、彼に冷たくされた。そこから事態はさらに悪化する。彼は、痩せようという意志がないからだ、と彼女を責めた。必ず痩せると約束したが、なかなかすぐには痩せられず、ボーイフレンドはなんとかしようと決意した。ある日、二人でビーチに出かけたとき、彼はカメラを取り出し、お腹を引っ込める（いつもそうしていた）のはやめて、何もせず普通に立ってみるようにと彼女に言った。どれだけ太ったかを自分の目で確かめさせようと考えたのだ。彼女はさらし者にされたようで恥ずかしかった。だが何よりも最悪だったのは、彼女が自分自身と自分の外見に嫌悪感を抱いたことだった。

同じような状況にいる多くの人々と同様に、彼女も暗黒の時代を経験した。痩せるという薬に依存するようになり、脂肪を切除する手術を受けることを真剣に考えた。この頃には、彼女は自分の身体を「憎い」と考えるようになり、自分の不幸はこの身体のせいだと責め、まるで自分と身体が別々の存在であるかのようになっていた。アンドレアは山のように「**でも**の言い訳」を積み上げて、それを自分が健康的で脂肪のない輝くような理想の身体になれない「理由」だとごまかしていた。

「**でも**、健康に良い食事をしたりフィットネス・トレーナーについたりするお金の余裕はないし……」
「**でも**、退屈してたり、怒ってたり、孤独だったりするとき、食べると気分が良くなるのよね……」
「**でも**、私が太ってるのは遺伝子のせいだし……」

毎日ずっと彼女は自分の言い訳と闘っていた。

そして、アンドレアが僕と共通のＤＮＡを持っているという理由がここで登場する。それは、僕と同様、彼女も決して諦めなかったのだ。自分の言い訳と闘っているあいだ、彼女はゆっくりとではあるが着実に言い訳に耳を貸さないようにしていった。無視するようにしたのだ。自分の遺伝子と闘い、自己鍛錬によって勝てると信じているのは本人だけだと思われたが、彼女はくじけずに何度でも挑戦し、答えを探し続けた。

心と身体の相関関係についてはここまでいろいろと述べてきたが、アンドレアは少し異なる発見をした。自分の存在は身体だけではないという事実に気づいた。魂の存在に気づいたのだ。

魂と身体が結びついていることがわかったとき、彼女は新しい角度から自分を見つめるようになった。以前は、ただ肥満と失望しか見えなかったのが、今では自分の美しさを見つけられるようになった。すると驚いたことに、何もしていないのに体重が減り始めた。身体の内側に沸き上がってきた愛情が身体の外側にも放射されるようになり、身体の中の喜びが新しい輝きを放ち始めた。

不思議だと思われるかもしれない。まるで奇跡のようだ。だが現実に、彼女の変身は何年も悩み苦しんで、答えを探し求め、効果のない減量プランを意図的に排除していった結果なのだ。長い年月のうちに、遺伝子がらみの言い訳の声は次第に小さくなって消えていった。年々大きくなっていた服のサイズは19号から9号になり、健康面も体調もどんどん良くなっている。

アンドレアはもう自分のことを脂肪遺伝子に呪われた「忌《いま》わしい」存在だとは思っていない。それどころか、自分の遺伝子をありがたく思っている。そのおかげで、自分の健康に注意を払うになったからだ。肥満でなければ気にすることもなかったかもしれない。「減量のことばかり気にするのはやめたの」と彼女は僕に言った。「健康になることを意識するようにしたのよ」

現在、彼女はラジオ番組の司会や、執筆活動、講演活動などを行なっている。「脂肪遺伝子の言い訳」に耳を貸さず、自分の身体と闘うことなく減量に成功できるように、大勢の人々を助けている。どうやるのかって？　言い訳をやめて、自分の中にある魂と向き合い、自分の身体と人生を愛せるようになることだ。

僕はこれまで、男女を問わず、肥満に悩み続けている人々に大勢会った。アンドレアのように、大部分の人は自分を忌まわしく思い、不運で魅力のない人間だと思い込んでいる。アンドレアと違うのは、ずっと言い訳にすがりついたままだという点だ。

アンドレアの話を読んだ人は――それに現在のアンドレアの美しさを見た人は――おそらく思うだろう。「きっと彼女だからできたのね。あんなに魅力的なんだもの！」と。だが、アンドレアもたった一夜で見事に変身したわけではなく、何年も苦しみ悩んで今の姿になったのだ。彼女だけが特別なのではない。彼女もみんなと同じなのだ。

　さて、何度ダイエットに挑戦してもまた元に戻ってしまうというあなた。あなたはアンドレアの話からどんなことを感じるだろうか。僕はクライアントに次のように言っている。

「他人を非難したり、自分を恥ずかしいと思ったりしていたら、これからもずっと体重に悩まされ続けることになりますよ。非難とはこんな言葉です。『運動する気はあります、**でも**、上司があまりにもたくさん仕事を言いつけるので』。自分を恥じる言葉とは『スマートになりたいです、**でも**、私は怠け者のデブなんです』とか。そういう言葉は、あなたの人生を変えるのに何の役にも立ちません。ただ失望をもたらすだけです」

　ずっと何年も悩み続けていると、鏡に向かったとき、そこに映っているのは脂肪のついた自分であるのが当たり前になってしまっている。そろそろ脂肪の〝奥〟にあるもの――自分の魂を覗き込んでみたらどうだろう。きっと何かが見つかるはずだ。

　あなたも実はアンドレアと同じなのだ。あなたの中の「自分」は魅力的で、気づいてくれるのを待っている、手を差し伸べてくれるのを待っているのだ。魂と心と身体を連動させて、ずっとあなたの中に存在していた素晴らしい身体を目覚めさせよう。

〔レッスン4〕★★★★

意識のフォーカスを定める

幸せは目の前にある

「集中力」は非常に重要な力のひとつだ。あなたが人生において何を達成するか、どんな心理状態でいるか、いかに困難に対処できるかは、何に意識を集中させるかによって決定される。あなたの人生のゆくえに最も強い影響力を持っているといっても過言ではない。そのことを示す格好の例を紹介しよう。

2002年、夏のある日の午後、ちょっと新鮮な空気を吸って軽く運動をしようと思い立ち、車椅子で公園をひと回りすることにした。その思いつきが、僕の人生最大の転換点となる出来事を引き起こすことになった。

講演活動のためにかなり頻繁に遠出するので、実に何百時間も列車やバスや飛行機といった閉じられた空間で、疲れて不機嫌で世間に対して怒っている人たちと乗り合わせている。だから家で過ごす時間がいとおしく、家の裏手にある公園を気ままに車椅子で散歩するのが大好きだ。いつもは家族や友人や恋人がこの小遠足につき合ってくれて、会話をしながら車椅子を押したり並んで歩いたりしてくれる。この日は、いろんな事情が重なって、僕ひとりで出かけることにした。

玄関を出て、公園へと角を曲がったとき、見たことのない家があった。新築されたばかりらしく、我が家の3倍はありそうなとても豪華な家だった。

さらに素敵なことに、その家は生活感にあふれていた。飼い犬が前庭を元気に走り回り、幼い兄妹がその犬をつかまえようと追いかけて楽しそうな笑い声を上げていた。キッチンの大きな窓からは、子どもたちの両親が夕食の準備をしているのが見えた。まるでノーマン・ロックウェルの絵が目の前で動いているかのようだった。

すべてが完璧に調和していると思われたが、この素敵なシーンを見て、僕の気分は一気に落ち込んだ。一日を楽しく過ごそうという気持ちはしぼんでしまった。「あんなに大きな家に住めたら幸せだろうなあ」。そんなどうしようもない考えが頭から離れなくなってしまったのだ。

近所の人が持っているものを、どうして僕が持っていないのか。もっと大きな家に住みたい！　大きな家に住めたら、近所の人たちは僕のことを何かを成し遂げて成功した人間として認めてくれるだろう。でも僕は、今も実家にそのまま暮らしている。世間から見れば、僕はダメな人間だと思われているにちがいない。僕は公園への道を進みながら、すっかり落ち込んでしまっていた。

そのとき突然エンジンの騒音がして、はっと我に返った。聞き間違えることのない、僕の大好きな車のエンジン音——ポルシェだ！　一目見ようと周りを見回した。あそこだ。夕陽に照らされて真っ赤に輝いている。心臓の鼓動が速くなる。アクセルペダルを踏み込んで、スピードを上げると革のバケットシートに背中が押し付けられる……どんな感じがするのだろう。

そんな車を持っていたらと考えただけで、ほんの一瞬だが、気分が舞い上がった。友人の家に乗りつけてクラクションを鳴らすところを想像してみる。真っ赤なポルシェに乗っているのが僕だとわかったときの友人たちの表情を見るだけでも、その車の価値があるだろう。

車はそのまま走り去り、僕の幸せな気分も一緒に去っていった。パッとしない我が家のガレージにあるパッとしない車を憎々しく思った。なんとか手に入れたい。手に入れなければ幸せになんかなれない。

僕は車椅子を進めた。もう夕陽が迫る時間になっていた。公園の一番奥のほうに到着しかけたとき、また自分の人生に欠けているものを目の前につきつけられた。これで3つ目だ。僕と同年代の若い女性がジョギングしてこちらに向かってきている。近づくにつれて、僕の心臓は止まりそうになった。美しい！　非の打ち所のない完璧なプロポーション。優雅で軽やかな動きで、僕にぐんぐん近づいてくる。彼女は、僕が「記憶喪失美人」と呼ぶタイプ——その人がそばにいると自分の名前さえ思い出せなくなってしまう、それほどの美人だった。一瞬、目が合った。ほんの一瞬だが、時間を共有した。彼女とすれ違ったとき、香水のほのかな香りが僕の鼻をくすぐった。天にも昇る気持ちだった。

「あんな女性とデートできたら幸せだろうな」と思った。でもやがて思考は脱線してクラッシュし、失望だらけの自問の渦にのみこまれていった。

「どうしてああいうガールフレンドがいないんだ？」

「どうして結婚してないんだ？」

「どうしてポルシェが買えないんだ？」

「どうしてああいう新しい大邸宅に住めないんだ？」

こういうネガティブな考えを頭から追い出そうとすればするほど、ますます気持ちは暗い渦の中に落ちていった。家から出た1時間ほど前は、あんなに気分がよかったのに。それが今では自分の人生に対してこんなに失望しているなんて。

そうこうするうちに、公園の端まで来ていた。空は僕の心と同じぐらい暗くなってきていた。そのとき、はっと我に返った。僕は完全に公園の中で道に迷ってしまっていたのだ。

そもそも公園にやってきたのは、自然に触れて気分転換をし、少し運動をしようと思ったからだ。なのに、失望してピリピリした言葉をやりとりし、自分の人生に欠けているものばかり気にしていた。自分が持っているものを何も見ようとせず、持っていないものばかりに意識を向けていた。僕は深呼吸をして、周囲を見回し、もう一度出発した。

なんという一日だ。家を出たときはまだ少なくとも素晴らしい日だった。これ以上ないような晴天。黄色や赤やオレンジや紫の色とりどりの花が満開に咲き誇っている。その花々の横を車椅子で通り過ぎるとき、自分に欠けているもののことで頭は一杯だった。果たして、本当に僕の人生にはそんなにたくさんのものが欠けているのだろうか。

確かに僕の家は近所で一番大きな家ではないけれど、少なくとも安心して暮らせる環境にある。最新型のスポーツカーは持っていないけれど、僕をあちこちにちゃんと運んでくれる車がある。美人のガールフレンドに関しては、ただただ歯がゆい思いだけれど。運命の女性とは出会うべきときに出会うようになっているのだろう。自分が持っていないものにばかり意識を向けていて、自分が素晴らしいものを持っているのを忘れてしまっていた。それは――自分の命だ。僕は今ここにこうして生きている。

そのとき突然、ある大学のクラスで話をしたときのことを思い出した。一番前の席がひとつ空いているのに気づいていたが、あとで教授から、その席に座っていた女子学生がその日の朝に亡くなったのだと聞かされた。住んでいた学生寮で不慮の事故に遭ったという。ショックだった。僕とそうたいして変わらない年齢なのに……。

この世で僕たちに与えられている時間はあっというまに過ぎ去る。永遠に続くように思っているが、そうではない。いつ自分の番が来るのかは誰にもわからない。そんな人生の貴重な瞬間を、自分に欠けているものばかり考えて浪費するなんてとんでもない話じゃないか。

公園の小道の行き止まりにいた僕は、気持ちを切り替えて、後ろを振り返った。あたりには花の香りが漂い、目の前いっぱいに木々の緑の葉が生い茂っている。近所の犬がどこかで吠えている。夕食に走って帰る子どもたちの笑い声も聞こえる。僕は誰もがみんな実際に手にしているものに目を向けるようになった——目の前にある現在に。それは確かにその人に与えられた、時間の贈り物なのだ。

言い訳撃退作戦！　言い訳をやめるためのプラクティス

青いものを探すのをやめる

この練習は友人と一緒に試してみよう。

友人の後ろに立って、部屋の中にある青いものに意識を集中してくれるように頼む。目に入る青いアイテムをそれぞれ記憶してもらう。記憶できたら、目を閉じてもらい、その部屋にあった黄色いアイテムで覚えているものを挙げてもらう（黄色に限らず、青以外なら何色でもよい）。友人はおそらく笑ってこう言うだろう。「そんなの無理！」

友人の脳が意識のエネルギーをすべて青いものだけに集中させていた結果である。他の色はどれも重要ではないものとして目に入らなかったのだ。

私たちの頭脳はこのように働く。青いものだけを見るようにしたとたん、黄色のものを見つけるのは難しくなる。自分が嫌いなものだとか、自分が持っていないものばかり探していると、それしか目に入らないし、それだけが記憶に残ることになる。

集中力のすごい働き

人間の脳は、１秒間に約7個のデータにしか集中できないという。それ以上になると、集中力を失う。たとえば、車を運転するとき、コーヒーを飲み、地図を見て、ラジオを聴き、携帯電話で話をし、バックミラーで自分の顔をチェックして、という状態では、自分が今やっている一番重要なこと、つまり運転操作を忘れてしまうおそれが大いにある。大きな金属の塊をコンクリートの塀や街路樹に突っ込んでクラッシュさせる危険性をはらんでいる。たとえ車を運転していないときでも、あまりにも注意力散漫というのは決して良いことではない。

集中力とはどんなものかというと、たとえば、暗い部屋の中で小さなライトに明るく照らされている部分だと考えてみよう。部屋の中にはさまざまなものがあるが、光が当たっているところのものしか見えない。これと同じことが集中力にも言える。注意を払うべきものは無限にあるが、集中力はある程度限られている。その限られた意識を最重要物に集中させるのだ。僕の親友で、良き相談相手でもあるザン・ペリオンに何度も言われたことがある。「対象は何であれ、気持ちを集中すれば、人生はその方向へと進み始める」

彼の助言は日々の生活や人生全般まであらゆることに当てはまる。自分のクライアントを観察していてそれを実感している。

最も幸せな人は、日々の素晴らしいことだけに意識を集中させており、最も惨《みじ》めな人は、うまくいっていないことばかりに意識を向けている。惨めな人生を送るための誰にでもできる方法を発見した。自分が嫌いなものと自分に欠けているものだけに意識を向け、それ以外は考えないようにすればいい。簡単この上なし。

脳を鍛えるキッチンタイマー・テクニック

僕の両親は心理学の本格的な勉強をしたことはないが、僕が人生のネガティブな面にばかり意識を向けていると、事態を一層悪くするだけだということを直観的に知っていた。悲しみや怒りや自己憐憫《れんびん》といった感情を表に出すのを否定しなかった。そうした感情を抑圧しても、あとから何らかの破壊的な方法で表面化するだけだと知っていたのだ。そこで両親はうまい解決方法を思いついた。

僕が惨めな気持ちで落ち込んでいるのに気づくと、両親はいつもこう言った。「ショーン、自分を哀れみたいのなら、それでも全然かまわない」。そしてキッチンへ行き、戸棚をごそごそして戻ってくる。手にはタイマーを持って。「でもねショーン、今日は15分だけよ。いい？　はいスタート！」。そしてタイマーがカチカチと時間を刻み始める。

邪魔されずに自己憐憫の世界に浸っていて、5分も経つと、もううんざりしてきて遊びに行きたくなる。すると両親は言う。「まだあと10分残ってるよ」。この戦術によって、何日も何週間も、あるいは一生ずっとだらだらと自己憐憫に浸るのではなく、所定の時間内だけ許されることになった。おかげで僕は全神経を集中させたあと、気持ちを切り替えることを覚えた。

両親は自己憐憫の抑制を非常に明確にした。「ショーン、泣きたければ泣けばいいいんだよ。ただし、涙におぼれてしまってはダメ」

実際、この方法によって僕の脳は鍛えられた。自分を哀れんでも無意味でどうにもならないと思うようになった。成長するにつれて、悲嘆に暮れる時間はだんだん減っていった。

僕が9歳か10歳の頃、例の15分間の嘆きタイムのときに、父とこんな会話をしたのを覚えている。仲の良い友達はみんなバスケットボールができるのに、その間コートの外で座って見てるしかないなんて、と僕はわめいていた。自分のできないことばかりに意識が向かっていて、そのせいで当然ながらひどい気分だった。そのときの父の対処法はこんなふうだった。

「ショーン、自分にできることや、自分が手にしているものに意識を向けなさい。おまえはNBAでプレーはできないかもしれないが、一生懸命に頑張って成功すれば、いつかNBAのチームのオーナーになれるかもしれないぞ！」

それから何年も経つが、このときの会話を忘れたことはない。自分の意識をコントロールすることの重要性を教えてくれた「なるほど！」という瞬間だった。

子どもの頃、両親から、手に入らないものではなく、手にしているものに意識を集中させることがどんなパワーを生み出すか、何度も何度も繰り返し聞かされた。それから何年も経ってから、両親が教えてくれたのは、実は感謝の力だったのだと気づいた。感謝は、ありがたいと思う一途《いちず》な気持ちの表われだ。感謝の念に満ちた心が混乱して集中できないなんてことはまずありえない。

言い訳撃退作戦！　言い訳をやめるためのプラクティス

手にしているものに意識を向ける

考えてみてほしい。あなたはおそらく自分が思っているよりもずっとたくさんのものを手にしている。「言い訳撃退ノート」を広げて、自分がすでに獲得しているもの、自分の思いどおりになるもの、生まれつき与えられたもの（たとえば、この本を読む能力だってそうだ）を25個、書き出してみよう。

この課題をさらに上のレベルに上げたいと思っている人は、自分の書いたリストをベッドサイドに置いて、いつでも見られるようにしておこう。気持ちが落ち込んだときにはこのリストを見て、自分がどんなに恵まれていて、どんなに素晴らしい人生を手にしているかを思い出すようにしよう。

他人との比較が失望につながる

あの日、僕は公園で惨めな気持ちを味わった。自分が手にしているものではなく、自分に欠けているものばかりを気にしていたからだ。他の人たちが自分よりもっと多くのものを手にしていると考え続けていた。

自分を他人と比べることは、どんな手を使っても勝てないゲームみたいなものだ。まるで自分は他人よりも劣っているかのようにふるまっていると、確かにそうだと思い込んでしまい、劣等感を抱きながら人生を送ることになるだろう。自分は他人よりも優れているかのようにふるまっていると、そうだと思い込んでしまって、傲慢《ごうまん》な人生を送ることになり、誰も近くに寄ってこないだろう。すべてを包含《ほうがん》している金言《きんげん》がある。「比較は失望につながる」

人が持っているものが自分にはないと悲嘆する感情が自分の中にあるのを感じたときには、僕は必ずこの金言を唱えて、劣等感にさいなまれる気持ちをすぐに鎮《しず》めるようにしている。自分が持っていないものばかり気にするのはやめて、自分が手にしているものに目を向けるように意図的に意識の焦点《フォーカス》を変えることで、気持ちが鎮まるのだ。

雨の日のランナー

他の人よりも時間もお金もエネルギーもたくさん使えるとしたら、どんなに素敵だろう。人よりも良く見られたいというただそれだけの目的のために、世の中ではどれだけ多くの商品が買い求められているのだろうか。常に人のやっていることを横目でちらちらと窺《うかが》いながら、人からどう思われているかを気にしている――これでは永遠にエネルギーを浪費するばかりだ。その典型例を紹介しよう。

数年前、25歳のとき、ある女性とデートをした。映画を観たあと、映画館の向かい側にあるカフェで食事をすることにした。映画が終わって外へ出ようとしたら、土砂降りの雨。かなり雨脚が激しい。僕たちは『フォレスト・ガンプ』の大雨のシーンを思い出して話していた。

僕は彼女に微笑みかけて、言った。「準備はいい？」

「よくないわ！」

「どうして？」。いったい何が問題なのか、僕にはわからなかった。通りのすぐ向こうにあるカフェまでダッシュするだけのことだ。

「だって、傘がないじゃない」。彼女は顔をしかめている。

「だから何？」

「あそこまで行ったら、濡れちゃうわ」

「だから……？」。僕は戸惑ってしまった。

「濡れちゃったら、この髪型も台無しじゃない！」。そう言って彼女は不快そうに身震いした。

「それがそんなに大変なこと？」

彼女はイライラしたように足を踏み鳴らし、あきれた表情でこう言った。「ショーン、髪が濡れてしまったら、あの、えっと……みんなにじろじろ見られるでしょ」。それが答えだった。

一瞬あぜんとして言葉が出なかったが、一息おいてこう言った。「ねえ、君の隣にいるのは、車椅子に乗った身長90センチちょっとの25歳の男だよ。みんな君のほうなんて見ないさ！」

「とにかくイヤなの！」。頑固に言い張った。

この時点で僕のイライラはもうコントロール不能レベルに近かった。ひとつ深呼吸をして言った。「わかったよ、じゃあこうしよう。25年後を想像してみようよ。その頃にはお互いにもうつき合いはなくなっているけれど、今日のこのデートのことを思い出すんだ。土砂降りの雨の中を一緒に走ったこと。立ち止まってお互いの目を見つめあったこと。そんな思い出を今から作りたいと思わない？」

彼女は数秒間、このロマンチックなアイデアについて考えを巡らしたあと、激しく首を振って言った。「いやよ！　髪がぐちゃぐちゃになって人にじろじろ見られている思い出なんて、耐えられない」

がっかりした。女性に対する決め台詞で一番しゃれたことが言えたと思ったのに、ぶざまな失敗に終わった。いや、でも本当に失敗だったのだろうか？　あとから考えてみると、彼女は僕に合った相手ではなかったのだと思った。僕が望んでいるのは、現実においても比喩的な意味でも、一緒に雨の中を走ってくれるような女性なのだ。あのとき以来、女性に限らず、ビジネス・パートナーでも友人でも、雨の中を喜んで走ってくれるような人を選ぼうと決めた。

思い切って幸せをつかもうとチャンスに賭けることは、夢を実現するための一歩だ。他人の目を気にして行動を起こさないことばかりを意識するのは、本当の自分を実現するチャンスを逃していることになる。

ストレスを笑い飛ばす

他人にどう思われるか（正確に言うと、他人にどう思われると自分が思うか）をいつも気にしていると、ためらいと不安で、決断が宙ぶらりんになる。このようなことを気にしてばかりいると、身体は常にパニック状態になり、あらゆる器官にストレスがかかる。ある程度のストレスは良い方に働くし、生きていくうえで避けられないものだ。だがこの種のストレスを常に抱えていると、病気になったり早死にしたりという確率が高くなる。
ストレスの解消法はたくさんある。ヨガ、音楽、瞑想、創作ダンス、ジョギング、読書、深呼吸などさまざまだ。ストレス解消法を選ぶだけでストレスになりそうなほどある。僕の個人的なストレス解消法は、いつでもどこでも誰とでもできるし、特別な練習も不要。さて何だと思う?

それは、笑うこと。

笑いは効果てきめんなのだ。免疫力を上げ、あらゆる筋肉を動かし、痛みを和らげる天然の化学物質の分泌を促して血管に送り込む。笑いに関する研究をざっと見てみると、笑いによる癒しを証明するものが非常に多い。事実、作り笑いで口角を上げるだけでも——心がどんな状態であっても——治癒物質を分泌せよ、という指令が脳に伝達される。

では何に対して笑えばいいのか? 良い質問だ。今こうして本書を読んでいるあなたも、ある程度のプレッシャーを感じている。仕事を終えなければ、用事を済ませなければ、問題を解決したい、生き方を改善したい、請求書や税金の支払いや、社会的な期待にも応えなければならない。僕だって例外ではない。でも僕は自分がこうしたプレッシャーの罠《わな》にひっかかりそうになっているのに気づいたら、ある質問だけに気持ちを集中するようにしている。それは、「どこか笑える点はないだろうか?」。この質問によって、置かれた状況のコミカルな面を見つけることに意識を集中させて、その結果として生じた笑いがストレスを解消してくれる。

ではここで、このテクニックを活用した最悪の場合のシナリオ、僕のエレベーターのエピソードを紹介しよう。きっと頭から離れなくなるはずだ。

扉をこじ開ける方法

1998年7月のある朝のこと。当時僕は、連邦議会のウィリアム・リピンスキー議員の下で働いていた。早めにオフィスに着いたので、同僚たちが到着する前に、熱々の紅茶を飲みながら朝刊を読もうと思い、うきうきしながらデスクに向かった。残念なことに、すでに上司が到着して席についていた。朝の会議の準備をするために早く出勤したようだった。紅茶と新聞はそのままになった。

「ショーン」と声をかけられた。「この書類を建物の端の部屋まで急いで届けてほしいんだ。いつもなら誰か別のスタッフに頼むんだけれど、今は君しかいない。どうだい、今すぐなんとかできそうかな?」

これまでにロングワース棟の建物の中はあちこち行ったことがあり、かなり知り尽くし

 てはいた。「大丈夫だと思います」

「そうか、よかった！」。上司は書類から目を上げることもないまま、一通の封筒を僕に手渡した。

封筒を受け取って、紅茶と新聞を車椅子にうまく押し込み、早朝の遠足に出発した。人《ひと》気《け》のない建物の端に到着してみると、乗ったことのないエレベーター・フロアに出た。僕の腕は普通の人より短いので、車椅子に常備している木製の杖でエレベーターのボタンを押す。いつものように、エレベーターを呼ぼうとボタンを押した。すぐにやってきたので、乗り込み、ドアが閉まった。ここまではよかった。次に杖を使って行きたい階のボタンを押した。

何も起こらない。

もう一度押してみた。もっと強く。何度も何度も。でもやはり何も起こらない。

このボタンは熱感知式に違いない！　指の体温を感知しないと反応しないのだ。でも僕はこの木の杖で押すしかない。なんとまあ。僕は業務用エレベーターに閉じ込められた。

今こそ創造力を発揮せねば。ドラマの『冒険野郎マクガイバー』ならどうするだろう？　頭をひねった。そこでひらめいたのだ。杖の先を息で温めよう。十分に温まるまで何度も息を吹きかけて、再度ボタンを押してみた。

反応しない！

温度が上がったのは僕の頭の中だけだった！　カッカしてブツブツと悪態をつきながら頭を振り回した。「こんなのばかげてる！」。エレベーターの神様に向かって叫んだ。そのとき思ったのだ。「もしこんな状況になったらママならどうするだろう？」。すると母の声がした。「体温計で熱を測るときみたいに、杖を脇の下にはさんでごらん」

杖の先を服の下にすべり込ませ、脇にはさんで温め始めた。さらに摩擦で温度が上がるように前後に動かした。温まったところで急いで取り出し、ボタンを押した。

反応なし。

もう怒りは頂点に達していた。大声で叫んでも、ドアに体当たりしても、意味がないのはわかっていた。誰もいないのだ。始業時間までまだあと45分ある。緊急ボタンを押して助けを呼ぶこともできない。

最後の試みとして、杖を脚の下で温めることにした。体重を使えば摩擦熱で十分に温まるかもしれない。座席と脚の間に杖をもぐりこませて、火を熾《おこ》すときのようにこすった。「このやろうっ！」。誰にも聞こえないとわかっていて、大声を上げた。もしこのときの場面がカメラに撮られていたら、エレベーター侮辱罪で逮捕されただろう。そして杖を引き抜き、４度目で最後の試みとして、ボタンを押した。

反応はなかった。
こんなのひどすぎる！　腕が短すぎてボタンに届かないからという理由でエレベーターに閉じ込められるなんて。こんなことで窮地に陥る人は他には誰もいないだろう。業務用エレベーターに閉じ込められた人類史上初の犠牲者にちがいない――そう考えたとたん、爆笑してしまった。

ますます笑いが止まらなくなって、ストレス・レベルが一気に下がるのがわかった。気持ちがいっぺんに楽になった。そんな大したことじゃないさ。絶体絶命の危機に直面しているわけじゃない。誰かが来て外のボタンでエレベーターを呼べば、無事に出られるんだから。エレベーターのボタンを押せなかったからといって仕事をクビになることもないだろう。誰かがボタンを押すまで待っていればいい。

車椅子を一方の壁に寄せてもたれながら、新聞を読み、紅茶を飲んだ。この用事を頼まれる前にまさに自分がやりたかったことだ。

30分が経過した。もう我が家にいるかのようにくつろいだ気分になっていた。新聞を広げ、読み終えたページを次々とエレベーターの床に撒き散らし、ほぼ読了した。この頃にはもうすっかりと気持ちが落ち着いていた。

そのとき、ついにエレベーターがブルッと振動した。

ドアが開いて、ひとりの男性が入ってきた——足元の散らかった床を凝視しながら。自分が目にしているものの意味がまだ理解できないようだった。

「いつからここにいたの?」。ようやく口を開いた彼の声には、とても心配している様子がうかがえた。

「ああ……ええと……スポーツ欄まで読み終えるぐらいの時間ですね」。僕はにっこり笑って言った。「すみませんが、3階のボタンを押していただけますか」

エレベーターを降り、書類を届けたあと、エレベーターでの災難を報告しようとそのままビルの管理室に向かった。

「どうされましたかね?」。ちょっと見下すような声音だ。

「報告に来たんです。熱感知式ボタンを作動させるには手が届かなくてエレベーターに閉じ込められた人間がいるっていうことを。木製の杖を温めてもボタンを押すことはできませんでした」

管理員はデスクから顔を上げて言った。「あのですね、あれは熱感知式ボタンではありませんからね! 人体が発している電流を感知して作動するんです。杖の先にアルミホイルを巻いておくだけで、センサーがちゃんと反応しますよ」

僕は管理員を真正面から見据えて叫んだ。「アルミホイル持参で出勤する人間がどこにいる？　エレベーターの中でブラウニーでも焼こうってつもりで乗り込んだんじゃないぞ！」

そう言ったとたん、二人とも爆笑した。

笑いはストレス撃退の秘密兵器のひとつだと実感した瞬間だった。これまでも困難に直面したとき、怒りを爆発させたりヒステリックに泣きわめいたりしそうになっても、笑いで救われてきた。骨折のときも、エレベーターに閉じ込められたときも、ユーモアのおかげでこれまでずっと理性を失なわずに済んでいる。今度、自分が不当な立場に置かれていると気づいたときには、どこか笑える部分に目を向けてみよう。

ストレス対策に効く僕からの処方箋は次のとおり。

・もっとクスクス笑いなさい。
・もっとにっこりと笑いなさい。
・できるだけたくさんお腹を抱えて大笑いしなさい。

言い訳撃退作戦！　言い訳をやめるためのプラクティス

心を軽くする方法

僕のクライアントの中には、ストレスにさいなまれて落ち込んでいる人が多い。気持ちをもっと楽に構える必要があると思った人には、次のような方法を試してもらうようにしている。

〔1〕歯を出して、思い切りガハハと笑おう（気味悪くニヤリと笑うのはダメ）。

〔2〕これまでに見たり聞いたり経験したりした中で、最高に面白かった場面をひとつ思い出してみよう。

〔3〕面白かった思い出にフォーカスを合わせ、その映像をさらに色鮮やかに思い描いてみる。音声のボリュームを上げ、より大きくはっきり生き生きと思い描くようにする。その瞬間に戻ったつもりで、わき上がってくる笑いを抑え切れない感覚を味わう。

〔4〕涙が出るほど笑ったとか、床を転げまわって笑ったという記憶を思い出してみよう。

〔5〕そのときの幸福感を感じながら息を吸い込み、血管を通して全身に送ろう。

〔6〕身体がどれぐらい軽くなったか感じてみよう。
〔7〕鼻を指でぎゅうっとつまんで終わり。

これを数日間、何度か繰り返し行なう。今後、悲しみや怒りを感じたり、こんなのあんまりだと思ったりした場面で気持ちがそのことばかりに向いてしまうと気づいたときには、ただ鼻をつまむだけでいい。当時の笑いの感覚が心にわき上がってきて、不安を身体から洗い流してくれるだろう。

公平というのは幻想だ

セラピーの中で一番大変なのは、自分は不当に扱われているという考えに縛られている人の治療だ。僕はこれを「**でも**こんなのあんまりだ」症候群と呼んでいる。この症状の人たちは不平ばかりこぼし、その不平はほんの些細なことから（「**でも**このレストラン、うちのチワワを連れて入れないなんてあんまりだわ」）、重大なことまで（「**でも**両親が交通事故で亡くなったから僕は養護施設に入れられるなんてあんまりだ」）幅広い範囲に及ぶ。

お金持ちだろうが貧乏だろうが関係ない。障害のある小学生からリッチな会社重役まで、どんな人でもこの症状に悩まされる可能性があると、これまでの経験でわかってきた。そしてどんな人でも、治療法は同じだ。あらかじめ断っておくが、最初は不快感を覚えるかもしれない。それでも続けていけば、必ず悩みは解消されると保証する。準備はいいかな？　ではこれが処方箋だ。

・公平さというのは幻想にすぎない。
・公平さはこれまで存在しなかったし、これからも存在することはない。
・自分の人生は他の人と比べてどうこうというものじゃない。ただ他の人とは違うだけのことだ。

そうなのだ。人生に与えられた条件は良いも悪いもない。ただ与えられたカードでゲームするしかない。ゲームをやめるか続けるかは本人次第。もちろん、「いい手」に見えるカードもあるが、実はそうでもなかったりする。よくよく見てみると、自分が失った――あるいは与えられていない――と感じているものはすべて、代わりにほかの素晴らしいチャンスや才能で埋め合わせされていることがわかるだろう。それを見つけられるかどうかは自分次第だ。

初めて会った人はほとんど、僕を見て不利なカードを配られた人生だと考える。でもそうではない。僕は人が思っているよりずっと強い——それに以前自分が思っていたよりもずっと強いとわかっている。世界は、他のみんなにも僕にも同じように開かれている。僕としては、自分はロックスターのような華やかな人生を謳歌しているつもりだ——世界を丸ごと差し出されても交代する気はない。

誰でもそうだが、僕もこの身体をありのまま受け入れるしかない。僕は体型を維持する努力をし、僕よりもっと自由に動かせる身体を持っているほとんどの人たちよりも、身体を動かす楽しみを味わっている。僕はゲームを降りていないし、勝ちたいと思ってゲームを続けている。どんなカードを配られていようと、あなたにもできるのだ。

すべては何に対してフォーカスを定めるかが決め手となる。僕は自分の人生の素晴らしい点に注目して、その点においては自分の人生はブラッド・ピット似の男性よりもはるかに素晴らしいと思っているし、そういうことばかりに意識を向けているので、彼の人生と比べて不公平だなどと思っている暇がない。

今後、ストレスに押しつぶされそうな自分に気づいたときには、「あんまりだ」と思うかわりに、その状況の中で何か笑えるところを探してみよう。あなたも非常にパワフルな懐中電灯を手にしている——意識の覚醒、「**気づき**」である。その懐中電灯でどこを照らすか、慎重に狙いを定めなければならない。それが、何にフォーカスを合わせるかを選択することなのだから。

現在、あなたと僕は同じ道を一緒に歩いている。いつか公園の散歩道の突き当たりに出るかもしれない。そのときまで、自分にないものにフォーカスを定めるのではなく、自分の大好きなもの、感謝しているものに目を向けて、自分の人生で手にできるすべてのものを引き出すように努力しよう。

感謝すべき大事な点は、この道のりをひとりぼっちで歩かなくてもいいということだ！幸運にも、人は周りの人たちを自分の人生に巻き込む能力を持っている。あなたが道を進んでいくにあたって、あらゆる場面で支えとなってくれる人、魔法のような素晴らしい瞬間で満たしてくれる人、言い訳の壁に直面したときに元気づけてくれる人――そして言い訳の撃退を手伝ってくれる人、そんな仲間を作る方法を次のレッスンでお教えしよう。

マイクはどのようにして言い訳をやめたのか

「性犯罪について声を上げたいと思う、**でも**僕は専門家じゃないからだれも真剣に聞いてくれないだろう」

意識のフォーカスを定めることに関する話としては、僕の親友のマイク・ドミトリスのエピソードが最適な例だろう。彼が何かをやると言ったら、きっと最後までやり遂げると僕は信じて疑わない。彼を長年近くで見ている僕はラッキーだと思う。家で子どもたちと一緒に過ごすときでも、ステージで講演をしているときでも、パソコンの画面に向かっているときでも、どんな場面であろうと関係なく、マイクは目の前にあることに対してレーザー光線のように一点に集中して取り組む。彼を尊敬している理由としてとりわけ重要なのは、彼が自分の意識を集中させるべき対象をいつも正確に知っているからだ。彼のストーリーをここで紹介することに決めたのも、それが理由である。

マイクは、何かがうまくいかなくなったとき、エネルギーをあちこちにばらまくのではなく、自分の力でコントロールできる部分に集中するようにしている。このスキルによって彼は救われてきた。彼が「暗黒期」と呼んでいる、1989年の頃もそうだった。当時、大学の2年生で演劇の勉強をしていた彼は、ある日の午後、学生寮に帰宅したところ、ドアにメモが貼ってあるのに気づいた。「大至急、自宅に電話を!」。何か良くないことが起きたのだと思った。

「マイク……」。電話の向こうの母の声は震えていた。「悪い知らせがあるの。シェリーがレイプされたの」。妹がレイプされた！　マイクは泣き、怒りに逆上した。妹にこんなことをした犯人を殺してやりたいと思った。

その衝動のままに行動を起こすことはしなかったが、怒りに飲み込まれてしまった。妹のレイプ事件によって彼の世界観は粉々に砕け散った。いつも目的意識を持って、自分の目指すものに向かって努力していたが、もはや目標を失ってしまった。集中力がなくなった――自分の人生が無意味に思えたのだ。シェリーの事件から1年経たないうちに、優等生だったマイクは成績不良で落第寸前になっていた。どんな人生にしたいかという望みをしっかりと自覚していた彼が、人生の何もかもを疑問視するようになっていた。安心と確かさを求めていたのに、いつのまにか不安定で不安な状態になっていた。自分にはどうしようもなかったとわかっていても、妹を守ってやれなかったことに罪悪感をおぼえた。

結局、マイクは通っていた大学をやめ、故郷に戻って実家に近い大学に編入した。やがて裁判が始まり、犯人は有罪になるだろう。だが、そう考えてもマイクの気持ちは楽にならなかった。怒りと悔しさはおさまらない。何か役に立つことがしたいという思いはあった。**でも**大学生の自分にいったい何ができるというのか。何もできない自分にそう問い正すたびに、無力感がいっそう募った。妹に起こったことに対して何もしてやれないという気持ちが彼を蝕《むしば》んでいった。

そしてある日の午後、マイクと大学の水泳チームの他のメンバーたちは、性犯罪に関する啓発セミナーに出席するようにという通知を受け取った。これまでにそういうセミナーの経験がなかったマイクは、受講してみて、まるで電気ショックを与えられたような衝撃を受けた。突然、彼本来の集中力がどっと戻ってきた。マイクは、自分の人生も他の人たちの人生も良い方向へ変えていくような行動を起こすことができると思った。演劇の経験を生かして、性犯罪について声を上げることができるじゃないか！

そのアイデアによってエネルギーを注ぐ対象が見つかり、自己憐憫と「でもの言い訳」に浸っていたのを振り払うことができた。だが今度は世間に潜在する言い訳の泥沼に直面することになった。

1990年。性犯罪というデリケートな問題に関して、20歳そこそこの大学生の講演を聴きにくる人が果たしているのだろうか。当時は学校でもレイプ犯罪について話し合うのは避けていた。マイクは頼るあてがなかったが、言い訳の上に居座ったままではなかった。彼はベストを尽くした。意識のフォーカスを定め、自分にはできるという思いが揺らぐことはなかった。

マイクは自分が通うウィスコンシン大学ホワイトウォーター校の学部事務局に文書を送った。性犯罪に関して学生たちの前で話をさせてほしいと提案したのだ。教授会の二人から連絡があり、彼は強く訴えた——実際はこらがただの対談で終わらなかった。のちに、このときの会話を発展させて、対話形式の面白いプレゼンテーションに仕上げたのだ。

それから2年も経たないうちに、マイクはウィスコンシン州南部の40以上の学校で講演を行なった。同時に、キャンパスの学生指導のリーダーとして、大学全体の性犯罪対策に関わるようになった（その間も水泳チームの活動を続け、学部内の学生組織の委員長としても活躍した）。

その後の9年間、彼は融資を受けながら講演活動をし、高校の教師をしたり、実業界で働いたり、エンターテインメント会社を経営したりして、妻と三人の息子との生活を支えた。その間もずっと定期的に講演活動を続けていた。

講演者仲間の二人からアドバイスを受けて、マイクは自分の情熱に従うことを決心した。細々と続けていたエンターテインメント会社をほぼ利益ゼロの値段で売却し、講演活動に専念することにしたのだ。当初は火の車だった。家計をクレジットカードで支払っていたので、債権会社から電話が鳴り続けた。だがマイクも妻カレンも、なぜこの仕事に賭けているのかを見失わないように互いに励ましあった。性犯罪を撲滅したいという願いがあったからだ。

しばらくすると、マイクは「どうして本を書かないの？」と言われるようになった。マイクはハッとした。もう本は出来上がっている――自分の頭の中にすでに完成していることに気づいたのだ。あとはそれを引き出すだけでよかった。それから10日間、彼はひたすらキーボードをたたき続けた。その10日間で完成したのが『キスしてもいいかい？（*May I Kiss You?*）』という著書だ。健康的なデート、互いの同意、性犯罪意識などについて書かれている。

時々講演活動をしていただけの彼が、まるで一夜にしてスターになるように、北米で大人気の教育講演者のひとりになった。続いて「デート・セーフ・プロジェクト」という教育組織の設立にとりかかった。それが実現したのは魔法でもなんでもない。すべてはマイクが言い訳にしがみつくことをやめたから実現したのである。

僕のような仕事をしていると、性犯罪の被害に遭って人生を損なわれた人たちと会う機会が少なくない。とても悲惨な経験で、立ち直るのは非常に難しい。こうした人たちは当然ながら怒り、動揺して取り乱している。マイクと同じだ。だがマイクに関して最も強く心を動かされたのは、性犯罪被害者の家族ならだれでもそうなのだが、選択を迫られたときのことである。その選択とは、レイプに対する怒りとやりきれない思いにひたすら意識を向け続けるか、それとも、言葉による性交渉の同意という難しい問題を大っぴらに話し合うことを好まない社会に対して風穴を開けるチャンスに意識を集中させるか。彼が選んだのは、社会を変えるチャンスにフォーカスを定めることだった。彼のその選択のおかげで、何万人もの若者たちがより安全にデートを楽しみ、自分を尊重し、性犯罪に対して声を上げることができるようになっている。

〔レッスン5〕★★★★★

ピットクルーは慎重に選ぶ

本物の友人とは？

ゲイリー・コックスは、21歳までに気が遠くなるような悲劇の連続を経験した。父親は殺害され、妻からは、生まれた子の本当の父親はあなたじゃないと言われ、年商10万ドルの会社を経営していたものの倒産した。だが現在、彼は幅広く事業を手がける億万長者であり、自己啓発を指導するコーチとして講演活動を行ない、プライベート・ジェットとヘリコプターを所有する成功者だ。僕は大学を卒業したばかりの頃、優れた指導者から助言をもらいたいと思って探していた。彼が電話で僕と話してもいいと（やっと！）同意してくれたときには、信じられないような気持ちだった。そうして実現した会話が僕の友達に対する見方を永遠に変えてしまうことになるとは、思ってもみなかった。

最初は僕の無邪気な質問から始まった。「どうしたら成功できるかというアドバイスをひとつだけ頂けるとしたら、どんなアドバイスですか？」

「うーん……ひとつだけか。そうだな、答えは『愚痴をこぼす相手を慎重に選べ』だね」

はあ？　いったいどういうことだ？　愚痴の相手？　愚痴と成功がどうして並んで出てくるんだ？　疑問でいっぱいの僕に、彼は説明をしてくれた。

「ショーン、君がどん底にいるときに電話をする相手が本当の友人だ。考えてごらん。どん底のときに不愉快な隣人や上司や敵対する相手に電話をしようと思うかい？　友人に電話するだろう」

　おっしゃる通りです！

「そこでだ、本物の友人なら、君の愚痴に対してどんな反応をすると思う？」。彼は僕の答えを待たずに続けた。「これは経験から得たルールだ。良質な友人は君と一緒になって賛同したりはしない。問題解決に力を貸してくれるか、君がネガティブな思考から抜け出せるように手を差し伸べてくれるか、どちらかだ」

　驚いた。これまでそんなふうにちゃんと考えたことはなかったが、確かにそのとおりだ。友人に愚痴をこぼして同調された場合、怒りや悲しみをかき回すだけで、実際、状況は悪くなるだけだ。言い訳をやめたことで健康や経済状態や人間関係が大きく前進したのに、結局「友人」に言い負かされて傷ついて後退してしまった人たちを数多く見てきた。そういう人たちはやがて前進や成長を痛みの感覚と結びつけるようになり、また言い訳に引きこもってしまう。これが、友人が及ぼす影響力の一種なのだ。

　ゲイリーはさらに続けた。「ショーン、親しくつき合う人たちは、自分の人生にとてつもなく大きな影響を与えるものだ。おそらく君が思っている以上にね」

　電話を切ったあとも、ゲイリーの言葉が頭から離れなかった。友人として選んだ人々によって、自分の人生の充実度や進路がいかに大きな影響を受けるか、ますます思い知らされるようになった。

友だちの作り方

ここまで読んだらこんなふうに思うかもしれない。「そんなのばかばかしい！　それがあてはまる人もいるかもしれないけれど、自分は友人からのプレッシャーに屈したりはしない。確かに、子どもの頃はそういうこともあったかもしれない……けどもう大人だし。自分の行動は自分で決めるよ！」

僕も同じように思っていた――自分の人生や他の人たちの人生を注意深く観察してみるまでは。そうして発見した結果にショックを受けた。実は、一番親しくつき合っている相手とそっくりになっているのだ。例を挙げて考えてみよう。

金魚が汚染された水槽の中で泳いでいると必ず病気になるのと同様に、人間も有害な仲間たちとつき合っていると有害な人物になる。人はある環境に置かれると、やがてその環境に染まるのだ。これは必然的な現象だ。

本物の仲間というのは、成功と幸福につながる素晴らしい財産となる。反対に、間違った仲間はあなたの人生を無残に引き裂き、崖から突き落とすだろう。このことを理解しておく重要性は、何度言っても言い過ぎにはならないだろう。本当のところ、本書で述べている他のレッスンを完璧に実行したとしても、このレッスンを軽視したなら、すべての努力が無駄になるおそれは大いにある。

ピットクルーの友情論

ある夜、ホテルのベッドでごろごろしながら、テレビのチャンネルをあちこち替えていた。翌日の講演の準備をしながら聴けるような、ほどよいBGM代わりになる番組を探していたのだ。適当な番組が見つからなかったので、消音ボタンを押して、スピーチの準備に集中することにした。

1時間ぐらい経った頃、ふとテレビの画面に目をやった。電源を切ってしまおうとボタンを押しかけたとき、突然画面が僕に話しかけてきた。「ショーン、消さないで」。いや、まあいい、実際に話しかけられたわけではなかったかもしれない……だがそのとき映っていた番組が、まさに今自分が取り上げようとしている内容にダイレクトに語りかけているように思えたのだ。そのまま画面に釘付けになった。

その番組は、F1のオートレースだった。観ていてすっかり魅了された。時速300キロ以上のスピードで疾走し、トラックを旋回する。時折、コースを離れてピットに入る。

ドライバーはハンドルを握ったまま、メカニック・チームが作業をするのを待っている。タイヤ交換や燃料チェックのほか、車とドライバーがトラックに戻るのに必要な作業すべてが流れるように非常に効率よく進んでいく。ちょっと待てよ……何かある、わかりかけてるんだけれど……そうだ！

ゲイリーから学んだことを伝えるのに役立つ比喩を探していたのだった。周りにいる人々によって人生のゆくえが決まってくるという、あの考え方だ。すでにいくつか次のような候補を挙げてはみたものの、

・類は友を呼ぶ
・鎖の強度はその環《わ》の一番弱いところで決まる
・犬と一緒に寝たら、ノミと一緒に目覚める

どれも使い古された言い回しや不適当な比喩で使えないと却下していた。

今こうしてホテルのテレビのおかげで、すっきり明快に伝えてくれる独創的な比喩が見つかった。ピットクルーこそぴったりのたとえだ！

超高価なレーシングカーには素晴らしいピットクルーがついている。しかし、もしピッ

トクルーがその車の性能を最大限に引き出すことを考えていなかったとしたらどうなるだろう？　僕はさまざまなシナリオを想像してみた。

・タイヤ交換担当のメカニックが、手ぶらでのんびりと車に近づき、ドライバーに言う。「悪いけど、新しいタイヤは俺の車に使ったよ」。これを「**横取り屋**」と呼ぶことにする。

・次に、燃料補給の担当者がやってきて、ガソリンタンクに穴を開け、一滴残らず排出させた。これを「**抜き取り屋**」と呼ぶことにする。

・最後に、巨大なレンチを持った人がエンジンを叩き壊し始めた——狂ったように笑いながら。これを「**壊し屋**」と呼ぶことにする。

ピットクルーの中に横取り行為や抜き取り行為や破壊行為をする人間がいると、レースで勝利することは絶対に不可能だ。それどころか、車はコースに戻ることさえできないだろう。

ピットクルーを選ぼう

横取り屋、抜き取り屋、壊し屋を僕は毎日見かける。自分の人生がなぜこんなにコースを離れてしまったのかと悩んで僕のところへ来るクライアントの多くは、周りをそういう人物に囲まれている。悲しい現実だが、つき合いを続ける仲間を選ぶにあたって、最悪の選択をしてしまうことがよくあるのだ。高性能レーシングカーは確かに高価な乗り物だが、僕たち人間はそれ以上に値段がつけられないほどの価値がある。できる限り最高のピットクルーを揃える価値がある。そうでなければ、ゆくゆくは人生のレースで負けることになるだろう。

「横取り屋」とは距離を置こう

レーシングカー用のタイヤを横取りして自分の車に装着したメカニックが「**横取り屋**」である。きっとあなたも自分の周りに少なくとも一人は思い当たるはずだ。あなたのお金や才能や人間関係や財産を勝手に使って、せびり取ろうとする。あなたは黙って我慢しているのかもしれないが、決して我慢してはいけない！　こういう友人は与えた以上の大きな見返りを得ようとする。

僕の古くからの友人のひとりが実は横取り屋だったということに最近になって気づいた。長年のつき合いで、助言者《メンター》として尊敬すらしていた。そのために、警告を見逃していたのだ。だがある日、その友情が試される時がきた。彼の本性《ほんしょう》が明らかになり、僕はただ見ていることしかできなかった。

僕はある女性とインターネットで知り合い、電話で話したりメールを交換したりするようになって2カ月ぐらいが経過していた。次第に本気で彼女のことが気になりだして、彼女のほうもその気があるようだった。僕たちは実際に会おうということになって、彼女の住む町で講演をするときに会いに来てくれるように招待した。その講演会には他にも12人の友人を招待していた。僕が「ショーン追っかけ隊」と呼んでいる25人ほどの友人たちの中の人たちで、その古い親友も含まれていた。

講演後、みんなで一緒に夕食を食べに行った。テーブルの向かいの席の光景を見てショックを受けた。僕が気になっている女性に親友が言い寄っているのだ。僕はすぐに席をはずし、ちょっと来てほしいと彼を呼んだ。僕は状況を説明して、彼女が自分にとってどんな存在で、彼女と良い交際に発展する可能性を感じていることを理解してもらおうとした。彼女に言い寄らないでくれるとありがたいと、はっきり言葉で伝えた。彼は僕の懸念を理解し、僕の願望を尊重しようと承諾してくれた。3日後、彼があの夜遅くに彼女の電話番号を聞き出して、それからもロマンチックな言葉で言い寄り続けたことが発覚した。

腹に一撃を食らったような気分だった。ずっと友だちだと思っていた――いや、少なくとも僕はそう思っていた――けれど、彼を自分のピットクルーから外さなければならないと思った。彼が僕の気に入った女性を勝ち取ったからではない。あまりにも簡単に、僕の気持ちだけでなく、率直に伝えたお願いまでも無視したからだ。

彼のような横取り屋は、友人を重んじる気持ちに欠け、友人の願望を無視し、友人との境界線を無視して領域を侵す。もっと大切なものを取られてしまわないうちに、距離を置くべきだ。

「抜き取り屋」はエネルギー・バンパイア

さて次は、ガソリンタンクに穴を開けるピットクルー、「**抜き取り屋**」について見てみよう。このタイプは、あなたのエネルギーを消耗させ、あなたの人生に劇的な変化をもたらし、陰気で否定的な生活にしてしまう。その人が現れると必ずその空間に満ちていた活気がいっぺんにしぼんでしまう。その人と一緒に時間を過ごしたあとは、1週間ほど温泉でリフレッシュして疲労回復しなくては、という気分になる。僕の友人のジェイムズ・レイが最高にうまい表現をした。「エネルギー・バンパイアには近づくな！」

あなたがいくら強い人間であっても、抜き取り屋はあなたから生気を吸い取り、気の滅入るような世界に引きずり込む。その人が話している内容に耳を傾ければ、簡単に見分けられる。マイナス要素の統計データ、恐ろしいニュース、健康被害の警告、ぞっとするようなひどい話ばかりを常に口にしている。

「女性の肺がんの発症率が高くなっているって話、知ってる？」

「インターネットには気をつけたほうがいい。ウェブサイトに登録して全財産を失った人の話を聞いたよ」

「いいかい、政府なんて詐欺集団なんだよ、あんたの金を吸い上げて自分たちのために使っているのさ」

「つい昨日、ウサギがトレーラーに轢《ひ》かれるのを見たばかりなの」

もちろん、友人との会話がすべて元気になるような話題ばかりであるとはかぎらない。どんな種類の話題もあっていいだろう。だが、特定の友人が自分の人生や世間一般の——さらにはあなたの人生の——悪い面や嫌なこと、理不尽で不公平なことばかりをあげつらうのに気づいたら、その人は抜き取り屋だというサインだ。

あなたのエネルギーも無限ではないはず。エネルギー・バンパイアに吸い取られて消耗してしまったら、自分のために使うエネルギーはもう残っていない。

「壊し屋」は悪影響を及ぼす

F1レースの比喩に戻ってみよう。レンチを振り下ろしてエンジンを破壊したメカニックが「**壊し屋**」だ。ぶっ壊し屋が一番たちが悪い。相手の心や身体、魂、夢、チャンス、財産といったものを破壊することに快感を覚える人たちだ。自覚のないまま無意識のうちにやっている人もいるが、故意にやっている場合もある。友人と呼んでいる中にこんな人はいないだろうか。酔うまで飲めと強要するとか、決まって仕事や遊びの予定を中止しろと迫るとか、夢をあきらめろとかルールを破れとか、道義に反することや人の道に外れたことをしろと強いてくる……挙げればきりがない。

壊し屋は怒りを抱えている。権威に反抗し、自分と接触したあらゆるものを荒廃させる行為によって、どうなろうと知ったことじゃないと世間に示そうとする。面と向かってウソをつき、何とも思わない。何カ月もかけて準備したサプライズ・パーティを台無しにする。あなたに恥をかかせようとして人前で秘密を暴露する。その場の称賛を浴びたいために安請け合いをしておきながら、肝心なときに約束を果たさない。

かつて僕の周りにもひとり、壊し屋がいた。一緒にいると面白いやつだった——すくなくとも、楽しく盛り上がっている間は。元気いっぱいで、声も大きかった。大学のパーティでバカ騒ぎしているときは、それでよかった。祖父母の家でのディナーに招いたときは……あまり好ましくなかった。彼と一緒のときは必ず、すごく騒々しい場所か、すごく薄暗い場所にいるようにしていた。なぜかというと、自分の家族や仕事上で大事な人、彼の口から絶えず飛び出す不適切な発言に敏感に反応しそうな人には彼を近づけたくなかったからだ。控えめに言っても、彼は世間の鼻つまみ者だった。

壊し屋は、自分がやってのけた行為を見ること以外に生きがいはないと感じている。彼らの行為は、他人に悪影響を及ぼすが、本人の記憶に残ることはまずない——あったとしてもごくまれだ。彼らの行為は、結果として、破産、アルコール依存、離婚、肥満、刑務所、ホームレス、薬物中毒、うつ病につながることが多く、周りの人たち全員から完全に見捨てられてしまう。

壊し屋を自分のピットクルーから外すという行動をとらなければ、あなたも道連れにされる可能性がある。

言い訳撃退作戦! 言い訳をやめるためのプラクティス

あなたのピットクルーのメンバーは?

ピットクルーのメンバーを選ぶときには、じっくりと時間をかけて公正に相手を観察しよう。横取り屋、抜き取り屋、壊し屋を採用してしまっていないだろうか。「**言い訳撃退ノート**」に、つき合いの深い友人、落ち込んだ日に電話をする友人を5人リストアップして名前を書いてみよう。その5人が、何らかのかたちで、自分から横取りをしたり、抜き取りをしたり、破壊行為をしたりしていないかどうか、自問してみよう。

この課題は、現在の友人関係を見直せと言っているわけだから、苦痛を伴うかもしれない。だが忘れてはいけない。あなたの人生の質はまだ定まってはいないのだ。自分のチームのピットクルーに良くないメンバーがいると、あなたの夢も幸福感も大きな代償を払うことになる。

「横取り屋」「抜き取り屋」「壊し屋」とつき合い続ける理由

それほどひどい相手なのに、なぜつき合いを続けるのか。理由はいろいろある。

- その人がかわいそうだから。
- 義務感を感じるから。
- その人を変えられると思うから。
- その人を見捨てたら何が起こるか心配だから。
- その人がもたらすドタバタに病みつきになっているから。

・からかう相手がいるのが楽しいから。
・子どもの頃からの長いつき合いだから。
・その人から得たいものがあるから。
・その人を見ていると自分の人生がましだと思えるから。

しかし、たいていの場合、その人たちのせいで自分の人生がどれほどのダメージを受けているか、きちんと認識して納得できていない。

たとえ迷惑で有害であったとしても、横取りをしようが、エネルギーを吸い取ろうが、ぶっ壊そうが、一般的には極悪人ではない――助けを必要としている人たちなのだ。だが、助けを求めて近寄ってくるのではない限り、距離を置いておくべきである。救命胴衣《ライフベスト》を投げてやるのはいいが、警告しておきたいことがある。助けようと海に飛び込んでその人を岸まで引っ張ってこようとするとき、相手は全体重でのしかかってきて、あなたを海の底へと引きずり込もうとするだろう。

言い訳撃退作戦！　言い訳をやめるためのプラクティス

あなたはどんなタイプのピットクルー？

ここまでは自分の古くからの友人たちを見回して、ピットクルーとして適材かどうかを検討してきたが、決して忘れてはならない厳しい現実がある。それは、あなた自身の行動も友人の人生を左右するのであって、自分の行動に責任を持たなければならない、ということだ。自分では気づかないうちに、友人の人生に対して横取り行為や抜き取り行為、破壊行為をしていないだろうか。

忘れてはいけない。あなたには自分のピットクルーがいるが、あなた自身も友人のピットクルーの重要な一員であることを。

今回の課題はごく簡単なものだが、現実を受け止める準備をしておいてほしい。親しい友人のうち5人に電話をかけて、今からする質問に対して、遠慮なく答えてくれるように頼もう。もっと良い友人になりたいことを伝え、本章で学んだ内容をおおまかに説明しよう。そして、相手がこれまであなたから何らかの横取り行為や抜き取り行為や破壊行為を受けたことがあると感じているかどうかを聞いてみる。感じているという答えが返ってきたなら、まず謝罪をし、自分たちの友情を大切に思っていることを伝え、友人としてもっと役に立つためにはどうすればよいかを尋ねよう。

A・B・Cの友情

心配しなくていい。なにもあなたのピットクルーを解体して新しいメンバーを雇いなさいと言っているわけではない。特定の人たちとどれぐらいの時間を一緒に過ごしたいと願っているか、ちょっと考えてみてほしいのだ。一緒に過ごす時間が長ければ長いほど、あなたはその相手とますます似てくる。

でもちょっと待って――じゃあ、ポジティブな人がネガティブな人を前向きにすることができるってこと？　いや、そうではない。ネガティブな世界からポジティブな世界へと移るためには、変わりたいという本人の意志が必要である。だがネガティブな世界は本人の承諾なく影響を及ぼしてくる。

そこでピットクルーを3つのグループに分けてみた。

〔1〕Aタイプ――いつもそばにいてほしい友人

〔2〕Bタイプ――注意しながらつき合いたい友人
〔3〕Cタイプ――会ったとたん「じゃあまた」と言いたくなる友人

この分類方法は、その人を個人としてどれだけ好きとか嫌いとかいうことは関係ない。その人とどれだけの時間を共有してもいいと思うかを単純に示している。

Aタイプの友人（以下略して「A友」）は本物の友人だ。落ち込んだとき、元気づけてくれて、なぐさめてくれて、夢に向かって優しく背中を押してくれる。健全な選択ができるように一緒になって考えてくれる――健全な選択とは、自分に正直に向き合い、自分が本当は何を不満に思っているのかを深く掘り下げて見つめ直し、身体に良い食事をし、運動をし、精神的探求を行ない、創造的活動に取り組むことだ。窮地に陥っているときには、何を置いても駆けつけてくれる。約束したことは、必ず最後までやり通してくれる。何かを言ったり行動したりする前に、あなたの気持ちを配慮してくれる。A友を見つけるのは最も難しいが、本物の友情はお金で買えない価値がある。

Cタイプの友人（「C友」）は（「B友」はあとで取り上げるのでご心配なく！）、究極の横取り屋、抜き取り屋、壊し屋だ。そろそろ距離を置く……ではなく今すぐにだ！　C友とつき合っていると、あなたの人生の質は落ちる。持続的に接触していると、病気になり、疲労し、破産する。考えただけでゾッとする。

友人の大半はおそらくBタイプに分類されるだろう。時にはA友のようにポジティブで支えになってくれると思えることもあるが、C友のようにネガティブで有害な時もある。一緒にいるときにどちらの面が登場するかはわからない。面と向かっては好ましいことを言うが、あなたのいないところでは陰口をたたく。いつもそばにいるよと言っておきながら、都合の悪い時にはいなくなっている。

B友は、しばらくするうちにいつのまにか選別されていることが多い。大人になるにつれ、本気で向き合い、A友に発展するか、あるいはそうならずに（なりたいと思わずに）C友に降格されて終わりとなるか、どちらかだ。

「A友」を迎え入れよう

今日からあなたの目標は、A友を自分のピットクルーに採用することだ。B友やC友の行動ばかりが目立つ世界では、この目標達成にはしばらく時間がかかるかもしれない。でも心配無用！　A友はほんの数人――あるいはたった一人――いるだけで、あなたの人生を変えてくれる。有力なA友候補が現われた場合、どのポイントを見極めるべきか知っておこう。また、どういう部分を観察したらよいかも知っておこう。

その人がA友の人材かどうかを判断する一番手っ取り早い方法は、その人の親しい友人たちに会って観察することだ。人はその友人と似てくるものだということを思い出してほしい。そこでとりあえずは、その人の友人たちを交えて一緒に過ごすことによって、どんな人なのか知ることができる。友人たちの中に横取り屋、抜き取り屋、壊し屋がいるのに気づいたら、そのA友候補は同じくその3つのどれかに当てはまる確率が非常に高い。くれぐれも慎重に観察を続けよう。

もうひとつの目安は、プレッシャーのかかる状況でどんな反応をするかを観察することだ。興奮して些細なことにも大騒ぎする人――要注意。自分の損得など気にせずに周りの人に優しく手を差し伸べる人――合格だ。

子どもにどのように接するかという点も非常に重要だ。自分の子どもがいない人も、子どもが欲しいと思っている人も、関係ない。見きわめのポイントは、子どもの存在に対してどのような反応をするか、である。不快そうでイライラしているなら、忍耐と思いやりに欠けているという明らかな兆候だ。

A友は必ずしもパーティの主役的存在とはかぎらないし、多くの友人に囲まれているかどうかもわからない。あなたから見てその人の友人が多いか少ないかを基準にして、その人がA友になる可能性があるかどうかを決めてはいけない。

「A友」はどこにいる

ヘビーメタルのコンサートに行ってオペラ愛好家との出会いを期待するなんてことはしないだろう。A友を探しているなら、どこに行けば見つかる確率が高いかを考えよう。僕の場合は、バーでA友を作ることは決してない。バーは確かに楽しいが、騒々しさの中に気を紛らせたいとか、一時的な満足感を味わいたいといった人たちであふれているし、酒で悲しみを紛らすとか不安を忘れようとするための場となっていることがよくある。

僕のA友候補との出会いは、自己啓発セミナーとか、礼拝や瞑想の場、健康食レストラン、野外活動クラブ、書店、カフェ、フィットネスジム、別のA友が企画してくれたディナーパーティなどが多い。こうした出会いの場に共通する特徴は2つ、明るい雰囲気であることと、健康志向であることだ。A友は自分の心と身体と魂に愛情を注いで大切にしている。もちろん、他人に対しても同じ熱心さで、愛情と尊敬と優しさを注ぐ傾向がある。

「A友」とのつき合い方

友人をA・B・Cに分けるなんて大げさすぎるんじゃないかと思う人もいるかもしれない。でも僕はそう思わない。みんなが軽視しすぎていると思う。信頼できるA友がいないということは、まちがいなく、あなたの人生は混乱状態に陥ることになるだろう。タイヤがパンクして道端でじっと動けず、助けを求めて叫んでも、B友やC友はどこにも見当たらない。具合が悪くてバスルームの床でお腹を押さえて倒れていても、B友やC友は不思議なほどみんな忙しい。恋人と別れて泣きじゃくりながらひとりぼっちで夕食を前に座っていても、B友やC友は……もう言わなくてもわかるだろう。

数年前、僕が予期せぬ精神的危機から立ち直れたのは、二人のA友のおかげだった。精神的につらい困難を伴う心理学の厳しい実習訓練を終えたばかりのこと。教室で指導教官から、今夜は家に帰ってゆっくり休むようにと言われた。今やったばかりの訓練の影響で再びつらい感情が戻ってくるかもしれないので、外出は控えるようにと注意を受けた。

僕はクラスで最年少の受講生で、何でもわかっているつもりの若造だった。そして案の定、わかっていなかったのだ。自分でなんとか対処できるし問題ないと思った。しかもその日は、その街で過ごす最後の夜。ちょっとぐらい羽目をはずしたっていいじゃないか。そこで、ひとりで静かに過ごすかわりに、ジョンとジェレミーという友人と一緒に街へ繰り出した。

最初の15分間は、何事もなかった。その後、実習でやったことに意識が集中してしまっている自分に気づいた。実習は、誰にでもある非言語的表現による不安感に着目する訓練だった。これは僕自身の不安感をあぶりだすことにもなった——それを一日中やっていたのだ。どうしても頭から離れない。人の苦悩しか見えなくなって、もう二度と社会生活ができなくなるんじゃないかと不安になってきた。底知れぬ恐怖を感じた。心臓がドキドキして、いまにも爆発するんじゃないかと思った。

ジョンとジェレミーはすぐに僕の異変に気づいた。せっかく遠路はるばる街まで出てきて、たくさんの美女とご馳走に囲まれていたのにもかかわらず、二人は僕の車椅子をさっと方向転換させ、急いで車に連れて帰ってくれた。途中で帰ることに一言たりとも愚痴をこぼしたり不平を言ったりしなかった。僕の体調への気遣いが、娯楽を求める願望よりも勝《まさ》っていた。

ジョンは僕を車のチャイルド・シートに座らせてベルトを締めながら尋ねた。「大丈夫かい、ショーン」

「あまり大丈夫じゃない」と僕は答えた。「しばらくこのまま車で休んでいてもいい?」

僕たち三人は車でじっと座っていた。それが良かったのか、数分後には完全に頭を切り替えることができた。僕は涙を流し、声を上げて泣きじゃくった。鼻水が止まらなくて、ひっくひっくと身体を震わせながら泣いた。あとから二人に聞いたところ、この状態がきっかり15分間続いたそうだ。その時、友人の車の後部座席に座りながら、僕が人生で挑み続けている困難な問題すべてが心に次々と浮かび上がってきた。何でもちゃんと解決できるような人になろうと懸命に努めてきた。別にたいしたことじゃないというふうにふるまおうとし、何があっても平静でいられるふりをしてきた。そんな仮面をかぶり続けることのプレッシャーにとうとう耐えられなくなってきたのだ。もう限界だ。もうこれ以上、心を封じ込めることはできない。

やがて涙が収まってきた。ジョンとジェレミーは悪魔祓いを目撃したかのような表情でおそるおそる僕の顔を覗き込んだ。だが、僕が立ち直ったのが分かると、穏やかに笑みを浮かべ、うれしそうな顔をした。

「もうだいぶ気分は良くなった？」とジョンの声。

「何か他に僕らにできることはない？」とジェレミー。

「もうやってくれたよ」。僕の心は穏やかで、完全に安らいでいた。

二人が僕を外に連れ出し、車内で一緒に座って、何も言わずにいようと直観的に感じ取って行動してくれたことで、僕は大いに救われた。そのときの出来事に関して僕をからかったりしたことは、その時もその後何年経っても、一度もない。このことは誰にも言わないでほしいとその時二人に頼んだのだが、僕が知る限り、二人ともその約束を守ってくれている。

これがA友の行動だ。B友はおそらくパーティを抜け出すことはしない。C友なら僕の具合が悪いことなど（たとえ気づいていても）気にしないし、感情的になった瞬間を目撃したらおそらくそのことで僕をいじめるだろう。残念ながら、今の社会では、苦しみや悲しみを表に出すのはみっともないという風潮がある。人前で泣いたりすれば、世間では弱い人間だと決めつけられることが多いだろうが、僕が選抜したA友たちなら決してそんな判断はしない。人間である限り感情があるのは当たり前だと考える人たちなのだ。

あの夜の出来事の結末はというと、三人でビーチまでドライブし、車の中に座ったまま、何時間も話したり笑ったりしていた。映画『素晴らしき哉、人生！』の最後のシーンで、天使のクラレンスがジョージ・ベイリーに贈った本に記されていた有名な一節を思い出さずにはいられなかった。「友ある者は敗残者ではない」

もし僕が同じように言葉を書いて贈るとしたら、少しだけ変えてみたいと思う。

「A友ある者は敗残者ではない！」

B友・C友と縁を切る

ここまで読んでおそらく疑問に思い始めているだろう。「これってつまり、B友やC友とは即刻絶交すべきだってこと？」

もちろんそうではない。携帯電話を取り出して友人に片っ端から電話をし、どのタイプの友人なのかを相手に知らせなさい、なんて提言しているわけではない。友人に電話をかけて「この本を読んだら、明らかに君はB友だとわかったから、注意して見ているよ。A友になったほうが身のためだぞ！」なんて言おうものなら、とんでもないことになる。

そんなことをしてうまくいくはずがない。僕が言いたいのは、自分の周りにいる人々に注目し、その人といるとどんな気分になるか、注意を払うようにしなさい、ということなのだ。それさえできれば、友人をタイプ別に分類するプロセスなんて気にしなくてもかまわない。

だが、もうつき合いを続けたくないと思う相手にはそのことを告げる必要が出てくることもある。そういう考え方をクライアントや聴衆の人たちに伝えると、必ず質問をされる。

「そんなの冷たすぎませんか？　もう一度チャンスをあげたらどうですか？」

友人と縁を切るというのは決して冷酷なことではない。それに、ほとんど全員に2度目のチャンスが与えられる。3度目、4度目のチャンスが許されることもある。しかし、25回目のチャンスまで与えてしまっているような場合には、その人がやがて変わっていくだろうという可能性は非常に低い。あなたに対して横取り行為や抜き取り行為、破壊行為といった苦しみを与え続ける人をそのまま許し続けていることは、相手と同じぐらいあなたにも責任がある。あるとき僕の親友から聞いた話だが、ルームメイトに自分のものをたびたび盗まれていたそうで、相手に面と向かってそのことを注意すると、相手はこう言ったという。「だって、君がずっとチャンスを与えてくれたから、俺は盗み続けたのさ」

ではここで、穏やかに、かつ、きっぱりと、相手と縁を切る方法を紹介しよう。

二人きりで話せる場所に呼び出して、相手の行為を迷惑に思っていることをはっきりと伝える。自分はもっとちゃんとした扱いを受ける資格があるということを相手にわからせる。今後も自分とのつき合いを続けたいと望んでいるのなら、こちらの要望と境界線を尊重してほしいと相手に告げよう。それでも相手が態度を改めないようなら、今後のつき合いをやめるとはっきり言おう。あなたのことは大好きだけれど、これからは遠くから愛情を送ることにすると伝えよう。

そしてさよならを言って別れる。振り返ったりしないこと。

言い訳撃退作戦！　言い訳をやめるためのプラクティス

探し物は何ですか？

「言い訳撃退ノート」に次の質問に対する答えを書いてみよう。それぞれの質問に対して答えを5つずつ挙げてみよう。

〔1〕現在の友人を選んだとき、絶対条件として「これだけははずせない」と思っていた資質は？
〔2〕そのときは見落としていたけれど付け加えるべきだと思う資質は？
〔3〕より素晴らしいピットクルー・メンバーを招き入れるとしたら、さらにどのような資質を備えている人を望む？

友人に望ましくない資質があるとしても、その人とただ楽しく遊んでいるぶんには問題はないと考えて、大目に見てしまいがちである。楽しく過ごせる能力も大事な資質ではあるが、それだけではA友になるには不十分である。

A友としての存在

人生に行き詰まったとき、キキーッとブレーキ音を鳴らしながらピットに駆け込んで、準備されていた新品のタイヤを装着し、すぐさまガソリンを満タンにしてもらって、最高のメカニックが大急ぎで手当てをしてくれたらいいなあと思うだろう。それにはピットクルーにA友がいることが必要だ。A友の存在を確実にするための一番の方法は、あなた自身がだれかのA友になることである。

僕は自分のA友の人生に次のようなものをもたらしたいと思っている。知識欲、雨の中でも喜んで走る気持ち、世の中を良くしたいという願望、自分の直観を信じること、真っ正直であることを恐れない、とことん誠実につき合うこと、その場を明るくするような好ましい魅力、あふれんばかりの情熱、困難に直面しても決してひるまない粘り強さ、自分とは生き方が異なる人に対する辛抱強さ、そして褒めるべき時や批判すべき時、慰めるべき時、降伏すべき時などそれぞれのタイミングを的確に察知する能力である。

孤独になる必要はない

先日、ある大富豪のクライアントに友情について尋ねてみた。すると彼はきょとんとした目で僕を見てこう言った。「ショーン、友人と一緒に出かけたり電話をもらったりというつき合いは、ここ10年以上ないよ。私には友人なんてひとりもいない」

僕としてはそんな孤独な生活は想像もできないし、これまでは友人のいない生活を送っている人たちをとても気の毒に思っていた。しかし今では、理由があってそうなっているのだとわかる。たとえば、この男性は、自分の生活を苦々しく思っている。誰かのために犠牲を払うなんてまっぴらごめんだと思ってきた。友人候補が登場するかもしれないのに、彼自身がずっと完全に門戸を閉ざしてきたのは明らかだった。若い頃に心に傷を負ったこともあって、もう誰も近づこうとしないように自分の周りに壁を作ったのだ。誰も寄せつけようとしなかった。

セッションを進める中で、自分のことを不当に傷つけた相手を許すべきだということを、彼にわかってもらおうとした。相手に対する憎悪を抱えている限り、新しい人間関係を受け入れるチャンスを遠ざけてしまう。他人に向けられる怒りの気持ちは、実は自分の人生に対して横取り行為や抜き取り行為、破壊行為をしていることになるのだと説明した。

幼い頃に傷つけられたと感じている人は最高の資質を備えているとはいえない人たちとつき合うことを選ぶため、その結果どんなことが起こるか、かなりの時間を割いて説明した。親しくつき合う相手をA友にすることによって、そうした結果を繰り返し経験することはなくなるだろう。セッションが終わる頃には、友情とは心を開いて自分の周りにいる最高の資質を持った人たちを受け入れることなのだと彼は理解してくれた。友情とは、相手を信じ、相手が自分の夢を支えて守ってくれていると実感していることであり、また自分も相手に対して、必要なときにはその人の夢を支えていくことなのである。

先ほどの友人のいないクライアントは、やがてゆっくりと周りの人々に心を開きはじめた。新しい友人がひとり増えるたびに、支えと愛情を発見し、長年抱えてきた悩みや苦しみが洗い流されていった。

次章の最後のレッスンでは、過去の人間関係（プラトニックなものもロマンチックなものも両方）において生じた苦痛から解放されるためのプロセスをお教えしよう。そこから誰を自分のピットクルーに招き入れるのがよいか、最善の選択が見えてくるはずだ。最強のピットクルーに恵まれている人でも、最大の難関には自分ひとりで立ち向かわなければならない。その難関とは、自分の過去・現在・未来すべてに責任を負うということだ。良いことも悪いことも、不快な真実もあるだろうし、これから直面することにもなるだろうが、そうしたことすべてが秘密兵器となって役立つだろう。その秘密兵器を作り上げて使いこなすための方法を、最後のレッスンでお教えしたいと思う。そうすれば、自分の夢をつかみとろうとするあなたを阻むものは何もなくなる。

ピーターはどのようにして言い訳をやめたのか

「学校に残りたい、**でも**、クレジットカードの莫大な負債を抱えているんだ」

僕は定期的に自分のピットクルーを見直すようにしている。新しい人材を追加することもあるし、何人かを控えに回すこともあるし、完全にクビにすることもある。僕は恵まれたことに、友人と呼べる人が何十人もいる。だが、A友の中でも特に親しいのはほんの数人だ。そのひとりが「特A友」のピーター・ビーラガスである。彼は僕が知っている中で最も信頼のおける、分別のある友人だ。だから、ある夜、夕食を共にしながら語ってくれた彼の身の上話は、衝撃的だった。大学生活を始めた直後に彼がそんな落とし穴にはまって苦しんだことがあるなんて信じられなかった。大学の仲間に容認されて受け入れてもらえるまでに、大学時代のほぼ全部を費やすことになった。

1990年代後半、クレジットカードを作らないかと店頭やらDMやらでひっきりなしに勧誘された。「大学生なのに?」と思うだろう。ピーターの通うキャンパスでは、クレジットカード会社が大学側の許可を得て、学生会館や学生たちが行き来する通路にデスクを開設していたのだ。

そのデスクでは、女子学生クラブの美人たちが受付係をしていることもあったし、見るからにモデルらしき女性がいることもあった。ショッピングモールやフェア会場、スポーツイベント、コンサート会場などで、こういう受付デスクを見かけたことがあるだろう。ただ申込書を記入するだけで、映画チケットやピザのクーポン券、マグカップ、Tシャツ、ぬいぐるみ、ライトが点灯するペン、フリスビーなど、いろんなプレゼントを山のようにくれる。

多くの学生同様、ピーターも「何のリスクもないさ！」と思った。カードの審査が通らなかったとしても、無料プレゼントはもらったままでいいんだから。機会があるたびに、ピーターは申込書に記入し、展示されているプレゼントを慎重に選んで、颯爽《さっそう》とその場を立ち去った。内心ひそかに笑いながら思っていた（たいていの人がそう思っていただろう）――「いいカモだな！」

ただし、本物のカモはピーターのほうだった。クレジットカード会社もそれがわかっていた。ある夜、友人たちと外出することになって、彼は現金の持ち合わせがなかった。その夜の娯楽代をクレジットカードで支払った。ほとんどの人と同様、ピーターもごく少額の支払いをあちこちでクレジットカードで済ませることに不安を感じなかった。

そうした「少額」のひとつが、サウスビーチのクラブの料金で、その夜、ピーターはサウス・フロリダのサンタクロースのようにふるまい、300ドルをカードで支払った。こうした「あちこち」での出来事が当たり前になってきた。やがてピーターは、自分のおごりで出かけると多くの友人に囲まれていることに気づくようになった。それは良い気分だった！

そうして毎月クレジットカードの請求書が届くと、いつも最低支払い額だけを払って、パーティを続けた。そしてついに、大学1年の2月、チェースマンハッタンのクレジットカードの請求書を受け取ったとき、最低支払い額も払えなくなっていた。その頃のピーターはまだ子どもで、クレジットカードの仕組みを何も知らず、高金利のことも高い延滞手数料のことも知らなかった。だが、5000ドルの請求額があるのに、会社は最低支払い額の110ドルだけ払えばよいというのはなんだか変だ……おかしなことになっているにちがいないと気づくだけの分別はあった。

ピーターはリッチな大学生ではなかった。事実、学資援助を受けていた。最低支払い額をなんとか払える程度の仕事をしていたが、できるだけ稼ごうと他のアルバイトにも奔走《ほんそう》するようになった。だが全日制の学生なので、働ける時間は限られていた。チェースマンハッタンからの請求を遅れて支払ったが、カード会社は別に何も言ってこなかった——ただ延滞料を請求し、金利を上げただけだ。

ピーターは悪循環に陥った。借金から解放されたいと切望していた。しかし、借金漬けになったそもそもの原因は、お金がなかったからだ。そしてその一文無しの状態が続いていた。と言うより、一文無しどころかマイナスなのだ。彼は思った。「この借金を払ってしまいたい、**でも**、3つ目の仕事をかけもちするのは無理だ」。お手上げだった。だがそこで、言い訳をして何もせずにいたら、給料をもらえるのを待っている間に、ずっと高金利を課せられ、延滞金を上乗せされて、今も借金まみれになっていただろう。

しかしピーターは、言い訳に甘えるのを拒絶した。

パーソナル・ファイナンスに関する本を数冊読んだだけでわかったことだが、ピーターはこのクレジットカードによる借金が今後の自分の経済状況にどれほど大きな害を及ぼすことになるかを知った。借金返済のために大学を中退しなければならないのではないかと心配した。彼はすぐさま節約生活を始めた。クラブのパーティから彼のクレジットカードが消えたとたん、友人だと思っていた人たちが何の連絡もなく消えていった。もちろんその当時は、僕のA友・B友・C友の話なんて知りもしなかっただろう。それでも彼はすぐに悟ったのだ。あの人たちは友人でも何でもなかったんだと。彼のピットクルーは崩壊し、誰もいなくなった。

ある夜、落ち込んだ気分でイライラしながら、バーに一人きりで座っていた。無駄遣いはやめたものの、また別の言い訳を当てにしようとしていた。「**でも**、もう俺にはひとりも友だちがいない！　酔っぱらったっていいだろう」。悲しみを酒でまぎらせられるかもしれないと思って、ビールを注文した。グラスを持ち上げて口に運んだそのとき、突然思ったのだ。「こんなの馬鹿げてる！　俺はまだ大学生じゃないか。人生はまだこれからだ！」

口をつけないままグラスを下ろし、バーを出た。

彼が最初にしたのは、「でも」という言い訳をやめて、「けれども」という言葉に置き換えたことだ。「さらに仕事を増やせるほど時間の余裕はない、けれども自転車通学にしてガソリン代を節約することはできる。上司に昇給は頼めない、けれども毎日ファストフードを買う代わりにお弁当を作って持っていくことにしよう」

そうやって小さな節約をあれこれと実行して、浮いた5ドルや10ドルを毎月のクレジットカードの支払いに回すようにしていった。気づいていない人が多いのだが、こうして少しずつでも積み重ねていけば、支払い期間を半分に縮めることも可能なのだ。こうした5ドルの積み重ねが、やがて50ドルずつの積み重ねになっていった。そしてわずか4年間で（大学に通いながら相変わらず安い時給で働いて）、借金を完済した。

それから10年以上経った現在では、ピーターはファイナンシャル・アドバイザーの資格を取得し、学生や軍人たちを対象に、借金を返済して家計を復活させるための講演活動を全国で行なっている。著作を2冊出版し、ウェブサイトでも活躍しており、海の見える家を買って、世界各地で気ままな旅行を楽しんでいる。彼がもし、「でも」の言い訳にすがりついて経済的に破綻していたら、今の彼の生活は何一つ実現しなかっただろう。

すでに言ったが、僕はピーターの話に衝撃を受けた。それはなぜか？　よく耳にするような、つらくて胸が痛む話だったからではない。彼が18歳で借金に苦しんだ、というそのことにショックを受けたのだ。それでも、彼がもし言い訳をやめなかったら、どんなことになっていたかと想像せずにはいられなかった。おそらく彼の「C友」たちは彼に浪費を続けさせ、飲酒によって学業は中断することになり、借金はさらに膨れ上がっていたにちがいない。そして、僕の最高の親友になることもなく、借金から抜け出せないまま、自分の生活を見回してはいったいどうなっているのかと悪態をついていただろう。

借金から抜け出せないとか、その他の生活環境で行き詰まってしまったと感じるのならば、最初で最大の挑戦は、言い訳をやめることだ。そもそもの発端はその言い訳なのだ。簡単なことではないが、ピーターが踏んだ手順に従えば、きっと可能になるだろう。

〔レッスン6〕★★★★★★

自分の人生は自分で所有する

ああ僕は死ぬんだ！

午前3時に病院の救急処置室でひどい痛みに苦しみながら横になっていると、意外なことが頭をよぎる。僕は息をするたびにこれが最後じゃないかと不安だった。そんな思いで吸い込む酸素はお金で買うことはできまい。

なぜ家にいるときに起こらなかったのだろう？　家ならかかりつけの病院にも近かったのに。でも人生なんてそううまくはいかない。スケジュールにあわせて病気や事故が起こるはずはない——ましてや自分が死ぬタイミングも。こういったことはいきなり割り込んでくるのだ。前触れもなくやってきて煙たがられる、酔っ払った叔父さんのように。

僕は起こっていることが信じられなかった。これまでも、そして今でも。僕は泣けばいいのか、叫べばいいのか、命乞いをすればいいのか、わからなかった。恐怖に直面したときの対処手順はなんだろう？

まるで腰のあたりに埋められていたフットボール大の爆弾が体内で爆発したのような感じだった。ほんの数分のうちに苦痛はひどくなってきて、もう座っていられなくなった。身体が冷えてきて、震えが止まらなくなった。ぶるぶる震える姿を晒《さら》すのも気にしていられなくなった。かっこよく見せたいとか強さを見せたいとかいった自意識過剰な性格はすっかり消失していた。

僕は死ぬんだ。自分でそう感じた。

臨死体験

1年前、僕の親友のジョンが恋人のエイミーと結婚することになったと報告しに来てくれた。そして、結婚式に出席してほしいと言われた。うれしかった。

「花婿の付添い人なんて、一度も頼まれたことがないよ」と僕は言った。

「いや、ショーン、ちがうんだ。付添い人じゃなくて、結婚式を執り行う司会を頼みたいんだよ」

「ええっ！　すごく光栄だなあ」

そこで僕はインターネットで航空券の申し込みを済ませ、2007年10月、二つの魂を永遠に結びつけるためにサンフランシスコへ飛んだ。少なくともそこまでは予定通りだった。

結婚式のリハーサルと夕食を済ませて、部屋に引きあげることにした。ジョンが部屋まで車椅子を押してくれているとき、体調が良くないと彼に告げた。お腹にガスが溜まった痛みだろうと思って、そのままベッドに入ったが、寝つけなかった。午前2時半頃、猛烈な痛みに襲われ、病院へ行ったほうがいいと判断した。身体のどこかが深刻な事態になっている。恐ろしかった。

ありがたいことに、僕はひとりぼっちではなかった。それどころか大勢に囲まれていた。両親、いとこたち、ジョンのお父さんが救急処置室で僕のすぐそばにいてくれた。五感が鋭敏になり、頭脳はその感覚を記録するレコーダー機能に切り替わったようで、そのことに恐怖を感じた。日頃は見落とすような刻々と変化する細部をすべてとらえているのだ。手指消毒液のかすかな匂い、ハードなシフトで働く看護師たちの擦り切れた制服の色彩、空気清浄機がブンブンうなる音。

その間にも、痛みは急激にひどくなっていった。頭の中で、過去に経験した痛みの強さと比較しはじめた。鎖骨を折ったときよりも痛いかな？　痛みの度数を示すグラフは一気に上昇し、肋骨の骨折も腕の骨折も抜き去って、脚から金属棒を引き抜いたときの痛みの目盛りに近づいたそのとき……ん？　あれほどひどい痛みだろうか？　ああ神様、それは勘弁してください。

看護師が僕の注意を引こうとしていた。「スティーブンソンさん、いくつか大事な質問をしますからね。1分間で終わりますから」。そして質問を始めた。「〇〇にアレルギーはありますか？」といろんなアレルギー物質を次々挙げていく。すべて「ノー」で答えた。

次に意外な質問が飛んできた。

「どこかの宗教団体に所属していますか？」

は？　何だって？　とにかく早く、僕の痛みを緩和することを自分の使命だと考えて献身的に治療にあたってくれて、大丈夫だと安心させてくれるベテラン医師に投薬治療してほしい。僕の信仰活動とどんな関係があるというんだろう。だがもう質問に答えるのにうんざりしていた。叫び声にならないように気をつけながら、ひと言「カトリック！」と吠えた。

看護師は書類にペンを走らせたあと、手を止めて僕を見た。「神父様にご連絡をお取りしましょうか？」

カチリ。

感覚レコーダーが止まった。

頭の中の劇場

看護師の質問に対してイエスとうなずいたものの、僕はもはやその部屋にはいなかった。今こうして執筆しているショーンはどこかへ行った。病院の建物を後にしていた。

僕の意識レベルはかろうじて保たれているところまで低下し、心の奥深くへと内向していった。これまで幾度となく疎外感を感じていた外の世界は、消えてなくなった。聞こえるのはただ、自分の心の声だけ。見えるのはただ、自分の心に浮かぶイメージだけ。そして感じるのは（痛みを除いては）、自分の頬に涙が伝う感触だけ。

そのとき、重力が逆転したようだった。何もかもが反転し、僕はもう地球の上に寝ているのではなかった。地球は胸のすぐ上にあって、僕は地球に押さえつけられているのだ。外界へ続く入り口が、ひとつずつ閉じられ始めた。意識がどんどん狭まっていく——まるで迫り来る嵐に備えて、窓がふさがれ、感覚が閉ざされていくように。そしてすべての感覚がなくなった。自分は死にかけているんだろうか、それとも身体が回復に必要なエネルギーを蓄えられるように意識レベルを落としているのだろうか。わからなかったが、あまりの痛みでどうしようもなくなっていた。

世界は真っ暗で、しんと静かで、ひっそりとしていた。

そのとき、僕の背後から、光が差し込んできた。僕は今……映画館にいるのか？　そうなのだ。僕は映画が大好きで、これまでずっと気がとがめるぐらい映画鑑賞にふけっていた。幼い頃から、ヒット作はほとんどすべて観てきた。映画のチケットとビデオレンタルに僕ほどお金をつぎ込んできた人にはまだ会ったことがない。映画館ではいつも安心していられた。だから今こうして映画館の席に座らせれば、スクリーンに映し出される映像に集中していられるだろうと、僕の無意識の頭脳が判断したのだろうと思った。その通りだった。

スクリーンの映像はゆっくりとしたテンポのスライドショーのようにコマ送りで始まった。僕が大好きだった人が全員映っていた。最初のシーンは分娩室で、僕が満身創痍《まんしんそうい》でこの世に生まれた日、耐え難い痛みの真っ只中にいる僕にツタンカーメン王とあだ名をつけた看護師たちだ。

心の中の映画館で映像を見ながら、僕は祈り始めた。この世にやってきたときと同じ苦痛を味わいながらこの世を去るのはごめんだ。もしそれが僕の運命だとしても、まだ心の準備ができていない。するとスライドショーはだんだんスピードが速くなり始めた。

ママ、パパ、ハイジ、親戚全員が登場し、さらには幼稚園の先生、そして子どもの頃、夏になると家の近所にアイスクリームを売りに来ていたおじさん、その頃の友だちのダグ、デイブ、タッカー、ジョアン、ケイティ……みんないた。無邪気な顔で。

近所に住む女の子が僕の車椅子に身を乗り出して、唇を押し付けた。僕のファーストキスだ。

包帯でぐるぐる巻きにされて痛みでふらふらになっているとき、家までわざわざ来てくれて、僕と並んで床に座り、数学や科学、歴史、国語を教えてくれた素晴らしい学校の先生たち全員。

　中学校のときの最初のガールフレンド。ロッカーに残されたメモでふられた相手だ。今こうしてスクリーンに映っている彼女には、まったく怒りを感じなかった。二人とも幼すぎたのだ。彼女はお粗末なピットクルーの犠牲者だったのだろう。あのピットクルーたちは、車椅子の小さな坊やに対する彼女の気持ちを支えようとはしなかった。その坊やが彼女の心を温かく包んでいたのに。

　スクリーンの映像が変わるたび、これまで僕が「不当に扱われた」と感じた人たち全員に対して、無償の愛とすべてを許す寛容さが心にわいてきた。このおかげで、怒りを心に抱いたままこの世を去らずにすんだ。

　映像は速いスピードで飛ぶように流れていき、まるで『ショーン・スティーブンソン・タイムズ』新聞の全紙を集めたマイクロフィルムを見ているようだった。スピードはますます速くなっていく。ボストン・ビル、ジェニーン、ドクター・ヤング、トニー・ロビンズ、ビル・クリントン……ああ神様、もっとゆっくり見せてください！　まだ人生を終える準備ができていません！　映像は大人になってからの生活を映し出していた。大学の教授陣、セラピーのクライアント、講演家の同業者たち……さらにまだ続く。映像があまりにも鮮やかなので、その残像が心に焼きつくほどだった。

そのとき突然、目の前のスクリーンが端から巻き上がり、壁をするすると上がっていったかと思うと、僕の周りが360度すべてスクリーンで覆われた。どこを見ても僕がいた。映像がぐるぐる回り、僕は記憶映像の台風の目になっていた。

そして僕の親友たち、兄弟同然の仲間たちが現れた。そして、これまでに好きになった女性たち、友だちも恋人も、キスをした人も抱きしめあった人も全員が僕の周りにいた。遠くのほうには、雨の中を走るのを嫌がったあの子もいた。

そのあと登場したのが、見覚えのない人たちの集団だ。数え切れないほどの人の波。誰だろう？　なぜこの人たちがこんな神秘的な瞬間に現れるんだろう？　はっとした。講演活動やＴＶのパーソナリティとしての仕事の全時期を通して、僕の話を聴いてくれた何千人という聴衆の人たちだと思い当たったのだ。その人たちの僕に対する愛情も感じられた。

僕はとても愛されていると感じた、でもすごく悲しかった。まだ出発の準備はできていないんだ！

そのとき、スクリーンが真っ白になった。聞こえるのは、最後の一枚まで終えたスライド映写機のあのパタパタ鳴る音だけ。そしてその音も次第に聞こえなくなった。

僕の人生の映画が終わったのだ。座席から立って出口へ向かおうとしたとき、映写機がまた動き出した。そして恐ろしい映画が映っていた。僕は再び席についた。

この恐怖映画には、別にモンスターとか連続殺人鬼とか悪党エイリアンが登場するわけではない。しかし、これまで観たなかで最も恐ろしいものだった。この映画では、僕がやりたかったのに実現できなかったすべてのことが映し出されていた。ずっとやりたいと思っていながら、時間がないとかエネルギーがないとか、責任を負うのが不安だとか、失敗に終わりそうで心配だとか言い訳をして、実行していないプロジェクトやアイデアばかりが次々と映し出されるのをじっと見つめた……どれひとつ実現していないじゃないか。もういい！　ここから出してくれ！

「もう一度チャンスをください！」。姿の見えない映写技師に向かって僕は叫んだ。「お願いです、失敗してもすべて自分で責任を取ってもっと頑張ると誓います。救急処置室に戻ったら僕を待ち構えている痛みがどんなにつらくても、これから毎日どんなに痛い思いをしても耐えます……僕はまだ死にたくない！」

そして僕は椅子の手すりを握りしめながら、映画館の床に崩れ落ちた。誰かが自分の中にいるような気がした。スパイクのついた靴でコンコンと蹴られているような感覚。外の世界と再びつながったような感じがした。暗い映画館は消え去り、代わりに、目を射るような病院の蛍光灯の光が見えた。ドクターの声が聞こえた。

「ショーン、ＭＲＩ撮影をするので放射線室へ移動しますよ」

僕の人生の上映は終了した。それはほんの一瞬のことだったのだ。
僕はまだ生きていた。

復活の日

頭上の白い天井のタイルが目に飛び込んできたとき、病院のストレッチャーの上に寝かされているのだとわかった。両親が近づいてきて、心配そうに覗き込んでいる。ドクターが、腎臓でできた結石が腎臓と膀胱をつなぐ細い管の中で詰まっているのだと説明してくれた。息をするたびに苦しめられる痛みは、出口の管を封鎖された腎臓が腫れて背中を押しているからだという。

「今後24時間は、人生最大の猛烈な痛みに苦しむかもしれません」とドクターが言った。

それは間違いだった！　結局、36時間続いたのだ。結石が管を通過し、痛みがウソのように消えたとき、ある思いが全身に満ち溢れた。

僕は生きている！　ディケンズの小説『クリスマス・キャロル』で、クリスマスの朝を迎えた主人公エベニーザー・スクルージと同じような気分だった。映画『素晴らしき哉、人生！』のラストシーンのジョージ・ベイリーのように「メリークリスマス、ベッドフォード・フォールズ！」と声を限りに叫びながら外の通りを駆け抜けたい気分だった。ここはサンフランシスコで今は10月なのはわかっていたけれど、そんなことどうでもよかった。言葉にならない幸福感に、天にも昇る気持ちだった。まだ時間の余裕がある！

ずっとやりたいと思っていたTV番組をプロデュースして出演することもできるし、世界中を旅することもできるし、ナタリー・ポートマンとデートすることもできるし……それにこの本を執筆することもできた。退院した直後、僕はこれまでないがしろにしてきた目標をリストアップして紙ナプキンに書いた。人生を変えることになったそのナプキンは、今でも大切にとってある。

通常の生活に戻ったのだが、すべてがいつもと違って見えた。未完成の仕事が目の前にずらっと並んでいて、それをスポットライトが明るく照らしており、僕が行動を起こすのを待ち構えているのだ。自分はもう死ぬのだと思いながら横たわっているところに、僕の人生の映画を無理やり見せられたが、今は自分が目覚めている実感がほしいと思った。自分の夢に責任を持ち、全力を注いで人生を全うし、次回は『ショーン・スティーブンソンの2度目のチャンス』という別の映画を観たいと思った。

ひょっとして僕は何か神聖な力によって、天国の映画館に座らされて自分の全人生を振り返るチャンスを与えられたのだろうか。あるいは、モルヒネによって引き起こされた単なる幻覚だったのか。ただ言えることは、僕には確かに現実のように見えたのだ。そして、言い訳をやめろと警鐘を鳴らしてくれた。おかげで数カ月間かけて本書を書き上げることができたのだ。

言い訳撃退作戦！　言い訳をやめるためのプラクティス

2度目のチャンス！

まず最初に、今日が地球最後の日だと想像してほしい。

そして「**言い訳撃退ノート**」に、あなたが人生で心から愛していて、この世を去る前にどうしても会いたいと思う人の名前を10人書いてみよう（10人以下でも構わない）。

次に、自分がなかなか取り掛かろうとしなかった計画やお蔵入りにしてしまった計画のうち、完了できなくて悔やんでいるものを5～10個リストアップしよう。

最後に、行けなくて残念に思っている場所を10カ所挙げよう。あるいは、今日が地球最後の日になったためにできなかったことを10個挙げよう。

リストができたら、次は行動だ。

〔1〕愛する人々に愛していると伝えよう。

〔2〕先延ばしにしていた計画に着手しよう。
〔3〕ずっと行きたかった場所に行こう。あるいは、ずっとやりたかったことをやろう。
リストの中のどれかひとつでも実行に移せたら、きっと自分への最高の贈り物になる。

自分の人生の所有者になる

この最後のレッスンは、「所有権」についてとりあげる。僕の大好きな言葉でもある。あなたが何かを所有するまでは、あなたが所有されていることにもなる。依存症、不安感、弁解、思考といったものだけではない。それを手放そうとしたり、否定したり、その存在に異議を唱えたりすると、あなたの生活の一挙手一投足まで支配され続けることになる。

極端すぎるって？　信じたほうがいい。

この世で最も弱い人々は何も所有していない。物質的な所有財産について言っているのではなく、本当に大切なものを持っていないということ。本当に大切なものとは、生活を営む場所、身体上の健康、他人にもたらす苦労、他人に与える善意、耐え忍んできた虐待に対する反応、痛みを感じないようにする方法、自分の人生が目指している方向。自分の人生を――それが良かろうが悪かろうが――自分が所有するようになるまでは、あなたは陸に打ち上げられた魚がピクピクはね回っているようなものだ。つまり、自分のやりたいように動けるけれど、どこにも行けない状態なのだ。

自由の公式

非常に賢明で教養のある僕の助言者《メンター》に、アメリカン・パシフィック大学の学長マシュー・ジェームズ博士がいる。彼に教わった公式に助けられて、自分の人生に対する所有権と、自分を甘やかすのをやめて現在のような自分に成長する責任感を持てるようになった。

この公式は実にシンプルだ。もう少し複雑にしたほうがもっともらしいと思うかもしれないが、最善の解答は必ずといっていいほど簡素なのだ。複雑なのは問題のほうだ。カウンセリングをやっていて気づいたのだが、クライアントのほとんどがあまりにも長い間、複雑に込み入った心の状態でいたために、込み入った解決方法でしか問題を片付けられないと思い込んでいる。この簡単な公式を教えると、まず最初の反応は、軽蔑したようにあきれた顔をする人が多い。

信じられないと思うかもしれないが、僕の話に耳を傾けてほしい。ほんの少しの時間で理解してもらえるはずだから。

この公式は僕の人生においてとても重要なものとなっている。タトゥーを入れようかどうしようか考えていたとき、常に忘れずにいられるようにこの公式を腕に彫ろうと思っていたくらいだ——結局入れなかったので母はほっとしたようだが。事実、クライアントの一人がうちのクリニックで「ブレイクスルー・プロセス」（12時間連続の集中セラピー）を受けたあと、そうしていた。

この公式を実践してみればみるほど、その正しさが証明されていくので、僕はますますこの公式を信頼する気持ちが強くなっている。あなたもこれを日常生活に応用すれば、物事が良い方向へ変わっていくのを必ず実感できる。目を見張るような変化が起こるだろう。実際、クライアントがこの公式の有効性を納得できた時点で、カウンセリングの9割は終了したことになる。この公式を活用することに賛同できないクライアントは、残念ながら、セッションを中断して料金を返すことにしている。なぜかというと、この公式を理解して実行していかなければ、心理療法のどんなテクニックを駆使してもうまくいかないからだ。

その公式が、これだ。

C＞E（CはEより大きい）

どうだろう？　言ったとおり、シンプルそのもの。

Cは原因（Cause《コーズ》）、Eは結果（Effect《エフェクト》）を表わす。つまり、「結果よりも原因」。人はみな、このCかE、どちらかの状況で生活をしている。

今どちらの状況にあろうと、必ず結果は生じてくる。そこで質問だ。「それは自分が望んでいた結果だろうか？」

いまあなたがC（原因）の状況にいる場合、自分の人生を意思を持って動かそうとしている。E（結果）の状況にいる場合、自分の周りで何かが「起きている」ように思える。自分の人生を自分で管理できずにいる状態だ。Cの状態（以下略して「因《コーズ》」）で生きるとはどういう意味か、Eの状態（以下略して「果《エフェクト》」）で生きるとはどういうことか、もう少し詳しく見てみよう。

C（「因《コーズ》」）の生き方

結果として自分の望みどおりの生活を手に入れている場合、「因《コーズ》」の生き方であると言える。その望みが、ある人にとっては年収10万ドルかもしれないし、月収10万ドルという人もいるかもしれない。トライアスロンに参加できるような身体に鍛え上げたい人もいれば、水着姿がみっともなくない程度の体型でいいという人もいるだろう。独身のまま気ままな恋愛を楽しみたい人もいれば、結婚して子どもが欲しいという人もいる。

何を望んでいるかが判断基準ではないのだ。どちら側の生活をしているか、問われるのはその点だけなのである。あなたは自分が望むものを手にしているだろうか。答えがイエスなら、あなたはすでに「因《コーズ》」の生き方をしている。だが、答えがノーの人は、考え方や行動を変える必要があるだろう。それは、自分に起こっていることに対して責任を持つことを意味する。

「因《コーズ》」の生き方をしている人は、自分の人生に引き込んでくるすべてのものに対して――それが良かろうと悪かろうと――全責任を負う覚悟がある。たいていの人にとって、それは非常に荷が重く大変なことである。人生には、悲しい結末のシナリオや、ネガティブな人々や、好ましくない出来事がつきものだ。「因《コーズ》」の生き方は、自分の周りの状況に罪悪感を抱いたり、恥ずかしいと思ったりすることではない。自分の行動に対して責任を持つということを理解している――つまり、自分の人生の所有権を握ること、そしてその所有権を人生の各過程でどのように発揮するかを知っている――そんな生き方を意味するのだ。

E（「果《エフェクト》」）の生き方

なぜ自分が望みどおりの生活ができていないのか、それに対する言い訳や弁解を山ほど持っている人は、「果《エフェクト》」の生き方をしている人である。人はなんて言い訳が好きなんだろう。言い訳は、空想が詰まった弁解にすぎない。言い訳、つまりあの二文字「でも」のフレーズで、正当化された気になって、ふんぞり返ったまま人生を送ることになる。「果《エフェクト》」の生き方をしている人は、自分の今の生活状況や社会的地位を、いつも他人のせいにしたり、何かのせいにしたりする。他人や物事のせいにすればするほど、その人は弱くなっていくし、人生の最大の望みからどんどん遠く離れていくことになる。

　ほとんどの人が結果の世界で生きている。つまり、この地球上では「果《エフェクト》」の生き方をしている人がほとんどなのだ。その証拠はあちこちで見受けられる。離婚、不健康、破産、鬱病、アルコール依存症、肥満、生きたいという願望の喪失。そういったものが、人々の心や精神や魂を蝕んでいる——僕の骨形成不全症よりもずっと深刻だ。

　この社会は「果《エフェクト》」にがんじがらめにされていて、僕だって泣きたくなる日もあるし、苦しいと叫びたくなる日もある。新聞全紙にこんな広告を出してやろうかとしょっちゅう思う——「そこのあなた、肥満や病気、疲労、体調不良、イライラ、抑鬱、孤独、その原因はあなたなのですよ。上司や家族や近所の人々、政府、社会、神様のせいにするのはやめましょう！　あなたの人生で何かがうまくいかなかったときは必ずその場にあなたがいたはず。だまされやすい身代わりや罪のない第三者を探して、問題の責任をなすりつけるのはやめなさい。自分の人生の所有権を発揮して責任を負わなければ、このままずっと幸せを追いかけつづけるしかないでしょう」

ちょっとやりすぎだって？

わかっている。それにこんなことをしても効き目はないだろう。前述のこんな言葉を覚えているだろうか。信じていると見えてくる。母親のせいで自分の人生がめちゃめちゃだと信じていると、その通りにしか見えなくなるのだ。

ゴミを出す

以前、ひどい虐待を受けたある女性クライアントにこの「自由の公式」について説明したところ、いきなり泣き出してこう言った。「子供の時、父親に殴られたのは私の過失だと言うんですか？」

「もちろん違いますよ」と僕は答えた。「虐待されたほうが悪いとかそういうことではありません。そうした出来事に対して現在どのような行動をするかということに自分が責任を持つということなんです。あなたは小さかった頃、自分を守るために必要なことは何でもした、それは正しかったのです。問題は、あなたが今もまだ殴られないように身を縮めているのか、それとも堂々と胸を張って生きているのか、ということです」

彼女は困惑したように、ただじっと僕を見つめていた。今こそ、「因《コーズ》」の生き方と「果《エフェクト》」の生き方の違いを理解してもらおうと思った。

「コートを着てください。ちょっと遠足に出かけましょう」。連れ立ってオフィスを出て、近くの芝生の公園へと歩いていった。雨が降っていて風も強く、いろんなゴミが吹き飛ばされてきて芝生に散乱していた。

僕は彼女にビニール袋とゴム手袋を手渡して言った。「この場所があなたの家の前庭だと仮定しましょう。誰かがあなたの庭に残していったゴミをすべて拾い集めてください」

彼女はとても困った顔をしていたが、やがてひと言、こう言った。「時間はどれぐらいもらえますか？」

「やり終えるまでです」

彼女はうなずいてちょっと肩をすくめると、タバコの吸殻や空き缶や新聞紙、ポテトチップの袋など、目についたゴミをひとつひとつ丁寧に拾っていった。

目撃した人がいたら、彼女は刑罰として清掃を命じられていて、その遂行を僕が監督していると思われたかもしれない。だが僕は彼女をいじめるつもりはなかったし、これは刑罰でも何でもなかった。まったくその正反対だ。僕は彼女を自由の身にしてあげようとしていたのだ。僕は無理強いはしなかった。やめたいと思ったらいつでもやめられた。しかし彼女はわかっていた。もしこれを途中でやめたら、自分のことも途中で投げ出すことになって、これまでずっと探してきた突破口を見つけられずに終わってしまうと。

そうして冷たい雨の中、1時間半ぐらい経った頃、彼女がいきなりビニール袋を落として大声を上げた。「わかった！　わかったわ！」こちらへ駆け寄ってきて、僕をがばっと強く抱きしめた。

「ありがとう、ショーン！」

「で、何がわかったの？」。僕は笑いながら尋ねた。

「そう、たくさんのこと、ほんとに」。彼女はすっかり変わっていた。「自分の庭を誰かが散らかすことはあるかもしれないけれど、それを掃除するのは自分の責任なのだということ。自分の庭のことは自分がやらなければ、誰も掃除なんてしてくれないわ」

彼女はさらに続けた。「私はこれまで、父親を責めて、私の人生をめちゃくちゃにした大勢の男たちを責めて、ずっとそうやって生きてきた。彼らが残していったものを掃除しなかった。だから、私の庭はゴミだらけで、好きなだけゴミを撒き散らしてもかまわないという看板を他の男性たちに向けて大々的に掲げているようなものだったのよ」

そして一息つくと、悲しい顔をした。「私は自分の人生をゴミ溜めにしておきながら、自分にゴミを投げつける人全員を責めていた。自分で掃除しなかったから、胸の悪くなるような不快なものを自分の人生に引き入れてしまっていたのね。ゴミだらけの庭を掃除しないでいたら、健康にも悪いし、臭いもするし、悲惨な光景になってしまう。自分の庭をどう維持するかは私に責任がある。人からどのように扱われるかを決めるのも、私の責任だわ」

「幼い頃、虐待されても我慢する以外にどうしたらいいかわからなかった。だけどもう大人だもの。自分で過去のゴミを捨てて、きれいな庭に戻すことができるわ」。彼女はうなずきながら、またにっこりと笑った。

「ありがとう、ショーン」

「お礼を言う相手は、僕じゃなくて、君自身だよ」

そう言うと彼女は声を上げて笑った。

「じゃあここで最後の課題をやろう。地球上で一番好きな食べ物を思い描いてみて」

彼女は目を閉じて微笑んだ。「オーケー、目の前に浮かんでいます」

「よろしい。では、手に持っているゴミ袋の中にその食べ物を入れたいと思うかな？」

不快そうに袋に目をやって答えた。「とんでもない！　そんなバカなこと」

「そのとおり。家に帰った時に、そのことを思い出してほしい。自分の愛するもの――つまり自分自身を、そんなゴミ溜めのような環境に置いてはいけない」

「わかりました」。そう言うと、しばらくじっと黙っていた。明らかに、彼女に今何かが起こっていた。

「自分を哀れむのはもうやめるべきだわ、そうですよね？」

言い訳撃退作戦！　言い訳をやめるためのプラクティス

溜め込んでいるのはどんなゴミ？

では今から、手が汚れる仕事をやってもらおう。覚悟はいいかな？

ずっと長い間、あなたの庭を汚している人や出来事を5つ挙げて、「**言い訳撃退ノート**」に書いてみよう。

散らかったままにしていたゴミを捨て去ると、良い変化が起こる空間の余裕ができる。「果《エフェクト》」の生き方をやめない限りは、どんなにたくさん自己啓発のための本を読んだり、セミナーやコーチングを受けたりしても、効果はない。

自己憐憫中毒

自分の生活でうまくいっていないことを人のせいにするのをやめないと、「因《コーズ》」の生き方はできない。つまり、自己憐憫から生じる喜びは手放しなさいということだ。何のことを言っているかわからないふりはおやめなさい。

自己憐憫はドラッグのようなものだ。最初は気分が良くなるだろうが、一時的な快楽にすぎない。あっという間に、もっと欲しくなって、さらに暗い場所へ引きずりこまれてしまう。

自分の人生を台無しにしたと幼い頃の虐待について父親を責めていたあの女性は、自己憐憫というドラッグを吸って満足を得るという生き方を長年続けていた。自己憐憫は何の解決にもならないことがようやくわかったとき、彼女は救われた。結果に自分で責任を負うと決意するまでは――父親以外の男たちにも人生をめちゃくちゃにされるがまま――前へ進むことはできなかった。自分の庭を（比喩的な意味で）掃除するようになったとき、きれいな庭を保てるかどうかは自分次第なのだと学んだ。自分を哀れむのをやめ、もっと健全な人間関係に向かって進み始めることができたのだった。

自己憐憫というドラッグをやめるのは、苦痛を伴うし、簡単ではない。最初は、自己憐憫によってずっと抑えられていた怒りや悲しみ、戸惑いといった感情がわいてくるかもしれない。しばらくは禁断症状のようなものがあるだろうが、自分の人生にちゃんと責任を持って「因《コーズ》」の生き方を始めるためには、この道を通過するしか方法はないのだ。

言い訳撃退作戦！　言い訳をやめるためのプラクティス

自己憐憫をやめる

自分の人生がうまくいかないのは何もかもその人たちのせいだと思う相手を5人挙げてみよう。5人の名前を「**言い訳撃退ノート**」に書いておく。

この5人を許すことが、あなたの人生を救済するのに欠かせない重要なポイントとなる。その人たちの行為を容認して、その存在を頭から追い出せと言っているのではない。あなたの人生に対する責任を無罪として許しなさい、ということなのだ。

心の目で思い描いていってほしい。まず、それぞれの人をひとりずつステージの上に呼び出す。その相手に対して、自分はあなたに支配されていた、あなたのせいで怒りや悲しみ、罪悪感や不安感を抱きながら生きていた、ということを伝える。だから自分たち二人を結んでいたエネルギーの糸を切らなければならない、と告げよう。あなたを邪悪な間違った人間にしてしまった、と相手に謝罪しよう。あなたは自分なりに最善のことをしたのだということはわかっている、そして、自分に対して向けられた間違った行為をすべて許す、と告げよう。

これは簡単なことではない。この課題を実行する心の準備ができていないと思う人もいるだろうから、その場合は自分の気持ちを尊重してもらってかまわない。

「因《コーズ》」のパワー

「因《コーズ》」の生き方は難しそうに思えるかもしれない。確かに難しい——でも最初だけだ。「因《コーズ》」の生き方では責任転嫁はできない。苦しいことやつらいことから逃避することはできない。だが最終的に、ほとんどの人が疑似体験しかできないような世界に触れることが許されるのだ。顔の映らないエキストラとして群集に紛れてしまうのではなく、自分自身の映画の主役になれる。

僕が自営で仕事を始めた当初、経営が苦しいことを外部の力のせいにして責める日々が文字通り何百日も続いた。社会経済を責め、自分の見込みの甘さを責め、業界のことさえも責めた。罪を負わせる身代わりを探すのに必死で、きちんと事態に取り組む余裕がなかった。そんな時、僕の助言者であるラリー・ウィンゲットが、企業のエグゼクティブたちを対象とした講演で、聴衆に向かって「経済が悪いのではない――悪いのはあなただ！」と言うのを聞いた。

その言葉に衝撃を受けて、どさりと椅子の背にもたれかかった。あまりに癪《しゃく》に障《さわ》るじゃないか。この人はいったい何が言いたいんだ？　引き続き講演を聴いていると、この不況の中でも大儲けして成功している企業の例が次々と挙げられていった。彼の説明によると、「めそめそと愚痴をこぼすのはやめて、やるべきことをしっかりやる」ようになったとき、人はリッチになれる、という。

ジリリリ！

子どもの頃、悲嘆に暮れていると、時間を制限されてキッチンタイマーで終了を告げられた、あの音を思い出した。創造力や勤労意欲を発揮して問題を解決しようとしていない自分に気づいた。問題解決ではなく、問題創出のために発揮していたのだ。自分で自分のエネルギーを吸い取るバンパイアになってしまっていた。なんてことだ！

このとき、自分の仕事のやり方の悪いところを見せつけられて目が覚める思いがし、まさしく僕のキャリアのターニングポイントになった。

このことを友人で助言者《メンター》でもある（「助言の友《フレンデター》」と僕は呼んでいる）マイクに話した。

彼に言わせると、「ずっと友人たちみんなが君に言い続けていたことに、ようやく気づいたんだね」

「え?」。僕は何のことだかさっぱりわかなかった。

「ショーン、君は自分の仕事をどうするつもりか、いつも滔々《とうとう》と話しているよ。そろそろ結果を出す必要があるんじゃないのか」

ぎくっとした。コメントは耳が痛かったし、人をやる気にさせるプロだと思っていた相手に言われてなおさら堪《こた》えた。言い返す言葉がなかった——彼が正しいのだ。僕は仕事では「果《エフェクト》」の生き方をしていて、そのことは隠しようがなかった。

これから本気になってやろう。何もかもうまくいっているふりをしたい人は、好きなだけそうすればいい。大富豪で大きな仕事をしていて立派な人脈を持つ、筋肉隆々の健康体だと見せかけていればいい。しかし、毎夜眠りにつく時に、自分の体重に悩み、銀行の預金残高を気にし、恋人との関係がうまくいかないと嘆くことになるのは、自分でよくわかっているはずだ。そうして、自分の嘘が世間に発覚しないように常に神経を尖らせ、大量のエネルギーを消耗しているのだ。

自分をごまかすのはやめよう。知覚鋭敏性のある人にはすべてお見通しだ。

方向が切り替わる時間

仕事に関して、行動についてあれこれ論じるのはやめて、実行に移すようにしたとたん、すべてが好転した。もちろん一晩で結果が出たわけではない。自分の願望に向かって努力し、その結果が出るまで待たなければならなかった。僕はこれを「方向切り替えの時間」と名づけた。

　車を運転していてハンドルを切るとき、新しい方向にタイヤが切り替わるまで若干の遅れがある。これと同じことが人の生き方にも言えるのだ。一晩で安全に20キロ痩せるなんてことは不可能だ。1時間で10万ドルの借金を返すなんて（普通は）できない。こじれた人間関係を1日で修復するのは無理だ。こうした健康上の窮状・金銭的逼迫・人間関係上の窮地といった状態に至るには、「果《エフェクト》」の生き方をして（言い訳ばかりして）いれば、1年と経たないうちにそうなる――そして一晩では解消できなくなる。自分の生き方の所有権を行使する決心をしたときに、結果が期待できるようになる。それには忍耐力と自分に対する信頼が必要となる。

　ここでもうひとつエピソードを紹介しよう。僕が大学に通っている頃、興味の持てない授業を受けなければならないことですごくストレスが溜まっていた。ある時、退学してフルタイムで講演活動をしようと考えたのだが、その考えに両親は大反対だった。

そこでトニー・ロビンズに相談してみることにした。僕は思った。彼は大学に行っていないのにあんなに成功しているんだから、きっと僕の考えに賛成してくれるはずだ。ところが、そうはいかなかった。

トニーは言った。「ショーン、君はよく教育界で自己啓発の講演をしているけれど、そういう分野の講演者として大学中退という経歴は説得力に欠ける。大学の学位がどう役に立つかはまだわからないだろう。もっと広い視野で考えなさい。そのまま頑張ってごらん。それに、1年単位の目標しか見えていないようではダメだぞ。5年後、10年後の目標に向かって何ができるかを考えるんだ。君が本当に僕の意見を尊重してくれるなら、大学に残りなさい」

やられた。彼なら僕の味方になってくれるはずだと思ったのに。そうして僕は退学せずに、優秀生として卒業したのだった。

僕に迎合せずに言いたいことを言ってくれたから、今では感謝している。もし中退していたら、セラピストになることはできなかっただろうし、博士課程に進むこともかなわなかっただろう。もちろん、トニーとまったく同じことを両親が言ってくれていたのだが、僕は両親の言葉を信じなかった。なぜだろう。その理由は、僕が人間であり、人間は自分のピットクルーからのアドバイスを、他の誰からの忠告よりも重く受け止めるからなのだ。

この決断について僕がC友にアドバイスを求めていたらどうなっていたか、想像できるだろうか。横取り屋、抜き取り屋、壊し屋たちならきっととんでもないアドバイスをくれていただろう。「退学すればいいさ、ショーン！」。そんなアドバイスを鵜呑《うの》みにはできない。あなただってしてはいけないのだ。

「因《コーズ》」の生き方をしていると、「でもこんなのあんまりだ症候群」には陥らないだろう。自分に起こっているすべてのことは、自分の努力の報酬として、あるいは進路修正のための学びの経験として役立てるために起きたのだと理解して、事態を見ることができるようになる。僕が自分の人生にこれほど満足しているのは、この生き方のおかげなのだ。自分の庭に落ちてくるものをどう扱うかは自分に責任があると僕は信じている。だから僕は、自分が稼いだ報酬、自分が魅かれた女性、自分が積み上げた実績、素晴らしいピットクルーたち全員、こうしたすべてを受けるに値すると思っている。自分に良いことが起こるのは偶然ではない。自分で決める現実に偶然などないのだ。

反対に、自分のまわりに起こる気に入らないこと、不愉快なこと、都合の悪いこと、それにぞっとするような恐ろしいこともすべて、とても重要な人生の教訓を与えてくれるものだと理解している。

ほんの些細な小さな出来事でも、ちゃんと注意を払って責任を持って対処していなければ、大きな障害物となって足をすくわれることもある。しかし、責任を自覚して行動するというただそれだけで、障害物は元の大きさに戻って些細なことで済むようになる。

人生は運次第で先の見えないゲームだとびくびくしながら毎朝目覚めるのはもうやめた。人生は、自分の存在を含めた、チャンスにあふれた美しい構造体だと思っている。まちがっているだろうか。そうかもしれない。僕の説を論理的に反証したいという人がいるなら、その人の意見を聞いてみたい。そして、その人が今幸せなのか、銀行の預金高がいくらあるのか、素敵な恋愛をしているのか、望みどおりの体型を維持しているのか、そっと尋ねてみたい。

きっとその人は僕に質問するだろう。「そんなことが一体なんの関係があるのか?」と。僕はこう答える。「僕の望むものを手にしていない人からのアドバイスは要りません」

そして考える。「この人は慎重派だろうか、それとも皮肉屋だろうか?」。慎重派とは、すべての意味を理解しようとする人のことだ。僕は慎重派の人が好きだ。自分たちの考えが間違っていることを示す証拠が提示されると、素直に新しいことを信じようとする。それに対し、皮肉屋は自分たちが正しいことを証明しようとする。彼らが間違っている証拠が提示されると、逃避したり攻撃したり癇癪を起こしたりする。こういう場合はまともに相手をしないようにしている。もし関わり合うことがあれば、僕の前に現われて、僕が望みどおりの生き方――「因《コーズ》」の生き方をしていると教えてくれて有難いと思うことにしている。

次はあなたの番だ！

クライアントに必ず結果を出すと保証できるのですか、とよく質問される。答えはイエスでもあり、ノーでもある。セッションの最初に決めた目標はセッション終了時には達成できると保証する。クライアントは、ひらめきがあったり、インスピレーションを受けたり、自己発見をしたり、過去の問題が解消したりといった、行き詰まっていた現状の突破口が開ける「ブレイクスルー」の瞬間を体験する。セッション終了までにそういう体験ができなかったという人には、料金は全額返金する。しかし、僕のオフィスを出たあとに何が起ころうと僕は保証はしない。

僕の仕事は、クライアントが自分の限界を決めてしまっている思い込みやネガティブな感情を捨てる手伝いをすることであり、心に抱えている問題をギュウっと握り締めている拳の力を抜くようにさせることである。自分の生活をとりまく問題すべてを明らかにしなければならないとかたくなになっている心を緩めさせることである。それに尽きる。しかし、カウンセリング後のことはすべてクライアント自身の責任である。

そんなに簡単にいくものだろうかって？　もちろん簡単ではない。だからこそクライアントには、うちのオフィスを出たあとのネガティブな生活に必要な対処法や物の考え方を身につけてもらう。完全に治癒するとかそういうことではない。その人がこれまでずっと習慣にしていたネガティブな行動パターンを自覚し、今後はそれを繰り返さないようにするということなのだ。厳しく聞こえるかもしれないが、僕が気づいたことをいくつか挙げてみよう。

〔1〕相手と心を通わせるテクニックを僕が教えたように活用しようとしない人は、その後もずっと悩み苦しんでいる。
〔2〕帰宅後、敵に対して話すように自分に向かって話し続け、事あるごとに自分をいじめ続けている人は、その後もずっと悩み苦しんでいる。
〔3〕自分の影に怯えているような不安感を示す姿勢や動作をしている人は、その後もずっと悩み苦しんでいる。
〔4〕自分の望まないもの、自分にはないもの、世の中は不公平だと思うこと、そういった部分ばかりに意識を向けている人は、その後もずっと悩み苦しんでいる。

〔5〕好ましくないピットクルーのところへ舞い戻り、現状を変えるために何も行動しようとしない人は、その後も悩み苦しんでいる。
〔6〕自分の問題を人のせいにしたり何かのせいにしたりして責任転嫁し、「果《エフェクト》」の生き方を続けている人は、……もう言わなくてもわかるだろう。

僕の教えるブレイクスルー・プロセスは、課題を実行した場合のみ効果を発揮する。だから、オフィスを出たあとのことは保証できないのだ。僕の仕事は敗者をなだめることではない。勝者になるための方法を教えることなのだ。「**でも**」という言い訳をやめて、充実した人生にするための方法を人々に教えている。僕が教えたことや説明したことをどう扱うかは、その人次第なのだ。

魔法の杖があったらなあと思う。あなたの頭の上でさっとひと振りして「言い訳よ、今すぐなくなれ！」と唱えたらその通りになるような杖が。あいにく僕は持っていない。そんな杖に一番近いのが本書である。誤解しないでほしいのだが、この本には魔法の力がある。レッスンを活用して実践課題をやってみるかどうかはあなた次第だ。本書を受身的に読み流すだけの人は、受身的な結果をただ待っていればいい。積極的にレッスンを実践する人は、「因《コーズ》」の生き方を選ぶことになり、みるみる世界が開けるだろう！

この本の情報を今あなたはすべて手に入れている。それをどうするか、決めるのはあなただ。

最後に

お別れにひとつ言っておきたいことがある。僕の助言者のひとりであるエベン・ペイガンに以前こんなことを聞かれた。「ショーン、人が何かを学ぶのはどんな時だと思う？」

僕は少し考えてこう答えた。「自分のものにしようと決めた情報を覚えている時、かな」

「ちがうよ」と彼は言った。「行動が変わらなければ、学んだことにはならない。たとえ頭で何かを知っていても、それを実行に移さない限り、何も学んでいないのと一緒だ」

目が覚める思いがした。

そのときの会話を僕はその後何カ月も反芻《はんすう》した。自分の生活を改めて見直すと、エベンが言ったとおりだとわかった。自分のピットクルーの生活を観察してみて、そこでも彼の言葉の正しさがわかった。自分のクライアントや、講演活動で出会った人々を見ても、やはり彼の言ったとおりだった。

常識は習慣になって初めて常識になる、ということなのかなと思った。

この本で得た知識をぜひ実践してほしい。実際にやってみて、ずっと望んでいた結果を手にしてほしい。人にできる最も勇敢で賢くて得るものが多い行動を実践しているのだと世間に示してやろう——その行動とは、**言い訳をやめて自分の人生の味方になる**ことだ！

「言い訳くん」「心配さん」「不安感ちゃん」へ。
君たちがいなかったら、
僕はいまの人生を見つけられなかっただろう。
あらかじめ警告しておくが、
僕は君たちをこの地球上から撲滅するつもりだ。
君たちの余命はあとわずかだ。ワッハッハ。

◉著者について

ショーン・スティーブンソン
(Sean Stephenson)

心理療法士。「セルフ・サボタージュの脱構築」（著者の表現では「言い訳をやめさせる」）の分野での第一人者。骨形成不全という先天障害を克服してアメリカン・パシフィック大学で臨床催眠療法の博士課程を修了。イリノイ州オークブルック・テラスにクリニックを開設、五輪アスリートからフォーチュン500社のＣＥＯまでの個別カウンセリングを行なうかたわら、世界各国で講演活動を展開している。

著者ホームページ：www.timetostand.com

◉訳者について

大江聡子（おおえ さとこ）

同志社大学文学部英文学科卒。主な訳書に『しあわせ練習帳』（きこ書房）、『鏡の中の自分を好きになれる本』（ワニ文庫）、『アイデア&プロセスの法則　プロダクトデザイン』（毎日コミュニケーションズ）などがある。

言《い》い訳《わけ》にサヨナラすれば
あなたの人生《じんせい》は輝《かがや》く

◉著者
ショーン・スティーブンソン
◉序文
アンソニー・ロビンズ
◉訳者
大江聡子《おおえさとこ》

◉発行日
初版第1刷　2011年3月20日

◉発行者
田中亮介

◉発行所
株式会社 成甲書房

郵便番号101-0051
東京都千代田区神田神保町1-42
振替00160-9-85784
電話03(3295)1687
E-MAIL　mail@seikoshobo.co.jp
URL　http://www.seikoshobo.co.jp

◉印刷・製本
株式会社 シナノ

Printed in Japan, 2011
ISBN978-4-88086-273-6